AF469551

D'UNE PAIX

UNIVERSELLE ET PERMANENTE

PAR

M. BAZAN (DE LA MANCHE).

DISCOURS

COURONNÉ PAR LA SOCIÉTÉ DE LA MORALE CHRÉTIENNE

Dans sa Séance du 18 Avril 1842.

> La guerre n'est point l'état normal des peuples, mais bien la maladie de l'état social.

Paris,

IMPRIMERIE DE PIERRE BAUDOUIN,

Rue des Boucheries-Saint-Germain, 38.

1842.

TABLE

DES MATIÈRES.

Préface de l'Auteur. V

Rapport du Concours, par M. VILLENAVE, père. IX

Introduction. 1

PREMIÈRE PARTIE.

Origine de la Guerre; ses Conséquences pour les Peuples. 5

SECONDE PARTIE.

Opposition complète de la Guerre avec l'Esprit du
Christianisme. 41

TROISIÈME PARTIE.

Des moyens d'obtenir le Bienfait d'une Paix Universelle et Perpétuelle. 59

    Congrès général des Nations. 62

    Réforme de l'Instruction Publique. 70

    Propagation de l'Étude des langues vivantes. . 72

    Extension de la Navigation Commerciale. . . 89

    Développement de l'Industrie dans l'intérieur des
    États. 107

Résumé. 119

Appendice sur les Devoirs Civiques des Militaires. . . 122

PREFACE.

En mettant ce Mémoire au jour, je n'ai point cédé à un mouvement de vanité, mais bien au vœu de l'illustre compagnie qui a daigné l'honorer de son suffrage, car d'abord ma détermination formelle était de ne rien publier.

Ce livre plaira-t-il à tous? non certainement, et il ne saurait avoir pour approbateurs que les gens sensés qui ne veulent point exposer l'Europe aux dangers d'une guerre générale : heureux si j'ai été le fidèle interprète de leurs vœux!... Mais en écrivant contre les idées belliqueuses je sais que je n'aurai point de mon côté les militaires; je ne m'en plains pas, car ils ne seraient pas gens de leur profession s'ils aimaient la paix. Je dirai cependant à ceux que mes vues pourraient alarmer : ne craignez rien pour votre état, pour votre avancement, car il faut plus d'un jour pour ranger les peuples sous la bannière de la sagesse, et d'ici là, vous aurez disparu de la terre!... Mais en même temps, je dirai aux gouvernants : il existe aujourd'hui des symptômes manifestes de rapprochement entre les nations, sachez en profiter pour préparer les peuples à jouir du bienfait d'une paix universelle et permanente, en accueillant, en favorisant les idées qui convergent sur ce point, et vous aurez bien mérité du genre humain.

Enfin, en m'adressant à tous, je voudrais que ma voix fût assez éloquente pour les convaincre que la paix, seule, développe les facultés de l'homme, et que les ennemis de la civilisation sont ceux qui, sous prétexte de faire acte de patriotisme, soufflent le feu de la discorde parmi les peuples en grossissant à dessein des faits particuliers, isolés, qui n'ont par eux-mêmes qu'une médiocre importance : oui, ceux-là sont bien coupables, et ne sauraient être chargés de trop de malédictions. Si, par malheur, il faut tirer l'épée du fourreau, que ce ne soit qu'après avoir épuisé tous les moyens d'accommodement que peut suggérer la prudence, et que, dans ce cas même, la guerre ne soit acceptée que comme une fatale nécessité, et non comme le moyen de satisfaire de belliqueuses ambitions !...

Des militaires, aux talents et à la bonne foi desquels j'aime à rendre hommage, prétendent que les découvertes, les nouvelles inventions ont pour résultat final d'augmenter le chiffre des hommes composant nos armées actives. S'il en était ainsi, il faudrait en conclure que le progrès est hostile au bonheur des sociétés, et, pour mon propre compte, je prierais l'Éternel de tout replonger dans le chaos. Mais ne serait-il pas plus logique d'attribuer l'augmentation progressive du nombre des soldats en Europe à l'esprit de conquête ? Henri IV avait moins de soldats que Louis XIV, et Napoléon beaucoup plus que le grand roi, cela est incontestable ; et la raison ? c'est que Henri le Béarnais n'eut à faire que la conquête de son royaume : ce qu'il put accomplir avec moins de quarante mille hommes ; mais il en fallut plus de trois cent mille à Louis XIV pour servir ses vues de conquête et d'agrandissement ; enfin Napoléon, opérant sur une échelle encore beaucoup plus vaste que Louis-le-Grand, eut besoin d'entretenir constamment plus d'un million de soldats sous les armes, tant nationaux qu'étrangers, pour tenir en échec toute l'Europe, et marcher vers le plan qu'il s'était tracé. C'est ainsi que, dans l'antiquité, Alexandre eut plus de troupes que Philippe son père. Comme on le voit, la force des armées est subordonnée à la tâche qu'elles ont à remplir, plutôt qu'aux innovations apportées dans l'art de faire la guerre. Sans doute que le canon est un agent puissamment destructeur ; mais quand, avant l'invention de la poudre, l'on voit Mérovée combattant Attila, lui tuer près de cent mille hommes, et plus tard Charles-Martel, vainqueur d'Abdérame, mettre autant de Sarrasins sur le carreau, il est vraiment douteux que les grandes batailles livrées sous l'empire, prises ensemble, aient été témoins d'une aussi grande consommation d'hommes que l'une de celles que je viens de citer.

L'on ne saurait donc avancer, sans craindre de tomber dans l'erreur, que l'accroissement graduel des armées résulte de l'introduction des armes à feu comme machines de guerre, puisqu'avant cette invention, les combats étaient encore plus meurtriers. Objectera-t-on que les soldats du roi des Huns et ceux du chef Sarrasin n'avaient aucune habitude de la guerre? je ne puis le croire, car ce serait donner à l'histoire le démenti le plus formel. Mais je veux bien admettre pour un moment, selon la manière d'argumenter des antagonistes de la paix, que le progrès dût toujours avoir pour résultat d'accroître les moyens de défense en multipliant ceux d'attaque : il n'y a pas de raisons pour que, dans un demi-siècle, la France qui, sur le pied de paix armée, compte aujourd'hui de cinq à six cent mille hommes sous les armes, n'en ait à cette époque, ce dont Dieu la préservera sans doute, de deux à trois millions!... Enfin, de conséquences en conséquences, il pourrait aussi arriver que les femmes fussent contraintes de porter le mousquet?

Je me hâte d'entrer en matière, car je me souviens d'avoir lu quelque part :

> « Un auteur à genoux, dans une humble préface,
> « Au lecteur qu'il ennuie a beau demander grâce,
> « Etc. »

Aussi bien je n'ai plus qu'un mot à dire pour terminer.

Non, la guerre n'est point l'état normal des peuples, mais un accident, un cas exceptionnel. Que les partisans des combats, des invasions, des conquêtes, qualifient tant qu'ils le voudront de rêveurs, d'utopistes, de bonnes gens, ceux qui pensent que la navigation par la vapeur, l'érection de nombreux chemins de fer sont de puissants moyens de resserrer les liens de confraternité parmi les peuples, et que la paix universelle et permanente est une chose possible, je n'en persisterai pas moins dans mes convictions.

Mais je n'entrerai point dans une polémique irritante pour soutenir mes principes pacifiques, car je respecte trop, comme je crois l'avoir déjà dit, les idées des autres pour engager jamais le moindre débat à ce sujet, et de la même manière que je vois sans passion, sans mauvaise humeur, des plans de réforme ou d'amélioration sociale différents des miens, je supplie mes adversaires, si ce livre leur tombe un jour entre les **mains**, de vouloir bien le lire avec une attention soutenue pour se convaincre que si la paix universelle et permanente est une chose difficile à réaliser, du moins n'est-elle pas absolument impossible. Quant aux amis de la civilisation et de la prospérité des peuples, je mets avec confiance sous leurs yeux le fruit de mes méditations sur le bonheur du genre humain, assuré que je suis d'entrer pleinement dans leurs vues, de partager leurs sympathies.

P. BAZAN.

RAPPORT

Fait à la Société de la Morale Chrétienne, dans son assemblée
générale annuelle (le 18 avril 1842), sur le concours ouvert
pour la recherche *des moyens d'assurer la paix universelle et
permanente.*

Par M. VILLENAVE, père,

L'UN DES VICE-PRÉSIDENTS DE LA SOCIÉTÉ.

———

C'est à la France et au plus populaire de ses rois, Henri IV,
qu'appartient, dans les temps modernes, la première pensée
d'un projet de paix universelle et permanente; et, ce qui
mérite d'être remarqué, c'est que l'Angleterre reçut avant
toute autre Puissance, la communication de ce vaste et généreux dessein, dont la négociation fut d'abord secrètement
entamée. Henri envoya son projet de paix universelle à Élisabeth, en lui écrivant : *C'est une entreprise plus céleste
qu'humaine.*

Henri et Élisabeth étaient les plus grands rois de leur
époque. Élisabeth mourut, et la négociation continua avec
Jacques Ier, son successeur. En 1603, Sully fit deux voya-
ges en Angleterre. Il y eut des ouvertures faites à la Suède,
aux princes d'Allemagne et d'Italie. Mais, pour amener la
paix, il fallait être prêt pour la guerre; il fallait forcer la
maison d'Autriche, qui faisait alors trembler l'Europe, à
renoncer à ses projets de conquête et de domination. Hen-
ri-le-Grand avait donc rempli ses coffres et ses arsenaux, et
l'exécution du plan allait commencer, quand le roi *vail-*

lant, qui voulait la paix universelle, tomba sous le fer d'un assassin.

Alors s'évanouit le *plan de république chrétienne :* c'était le titre remarquable du premier projet de paix universelle, conçu en France par un illustre guerrier; et c'était reconnaître que la paix est un précepte de l'Évangile.

C'est à la suite des longs malheurs de la guerre que la théorie de la paix universelle travaille les esprits : ce fut après un siècle de dévastation par les armes, que le plus brave et le meilleur des rois voulut fonder la paix universelle. — Ce fut après un autre siècle d'ébranlement européen par les guerres de Louis XIV, que l'abbé de Saint-Pierre publia, sous le sage ministère du cardinal de Fleury, son fameux *Projet de paix perpétuelle* (en 3 vol. in-12), dans lequel il avance que le plan de *Diète européenne* permanente, qu'il propose, avait été approuvé, rédigé même en partie par le duc de Bourgogne, élève de Fénélon. — Ce fut après la désastreuse guerre de sept ans, une année avant la paix de 1763, que J.-J. Rousseau fit imprimer son analyse du projet de l'abbé de Saint-Pierre. — Et c'est enfin après les guerres de la Révolution et de l'Empire que des *Sociétés de la Paix* se sont formées dans l'Amérique du Nord, à Londres, à Genève, et que la Société de la Morale Chrétienne qui, par son titre même, est une Société de la Paix, a établi dans son sein un Comité chargé de poursuivre, avec les Sociétés qui ont le même but, l'établissement honorable d'une paix permanente, fondée sur le commun besoin des peuples et des rois, sur la saine appréciation des préceptes du Ciel et de tous les intérêts de la terre.

Le peuple d'Angleterre, qui, comme tous les peuples civilisés, a besoin de la paix pour son industrie et son commerce, qui compte dans son sein de nombreux amis de la religion et de l'humanité, a vu, avec joie, se former à Londres, depuis plus de vingt ans, une *Société de la Paix.*

Cette Société a voulu s'affilier avec la nôtre, et, en lui envoyant ses nombreuses et utiles publications, elle l'a invitée, par un de ses plus dignes membres, M. Rigaud, né d'une famille française, envoyé de Londres à Paris, et devenu notre collègue, à établir en France, au sein du plus brillant foyer de la gloire des armes, un concours pour la paix, concours noblement ouvert à l'ombre de lauriers immortels.

L'examen de la question de la paix universelle et permanente, et des moyens de l'assurer sans le secours des armes, est le plus important, et aussi le plus difficile qui puisse être proposé à la méditation des esprits sages, des chrétiens philosophes et des hommes d'État.

Quelle que soit la solution, plus ou moins éloignée, je ne dirai pas de ce qui a été appelé le *rêve du bon abbé de Saint-Pierre*, mais du plus grand problème qui puisse être examiné, ce concours aura du retentissement : car, c'est la première fois que la question est posée, en France, par une société à la fois savante, religieuse et philantropique ; et l'époque où elle est publiquement livrée à l'examen, semble annoncer un grand progrès social : c'est un pas de géant dans la carrière de l'esprit humain.

Le programme a indiqué, dans la question, trois parties :

« 1° Prouver que la guerre est en opposition avec le vé-
« ritable esprit du christianisme ; — 2° Établir que la
« guerre fait violence à tous les sentiments d'humanité, et
« qu'elle est contraire à la prospérité des nations; — 3° Re-
« chercher et indiquer les moyens d'amener et d'assurer
« dans le monde, sans le secours des armes, le règne de la
« paix universelle et permanente. »

Le programme a donc exigé, dans ceux qui voudraient traiter cette haute question, la triple qualité d'homme religieux, de moraliste et de publiciste.

Il faut reconnaître que les deux premières parties n'offrent aucune difficulté. Il est si facile d'établir et de démontrer que la guerre est en opposition avec l'esprit de paix et de charité qui respire partout dans le livre divin ! Il en est de la guerre entre les peuples comme du duel en champ clos entre deux individus : car la guerre est le *duel des nations*, duel dont la terre et les mers sont le vaste théâtre. Mais un combat singulier est moins coupable qu'une bataille, un bombardement, un assaut, un fil de l'épée ; car le combat singulier est ordinairement soudain, sans préméditation, tandis que la bataille, le bombardement, l'assaut, sont ordinairement des violences calculées; tandis que le passage au fil de l'épée de toute une garnison, est trop souvent une menace faite d'avance, un châtiment promis à la défense héroïque ; et qu'enfin les duels des nations sont contre l'humanité des crimes réfléchis. Et il est triste de voir les législations réserver des peines sévères, même la peine de mort, contre le duelliste, tandis qu'elles prescrivent des réjouissances publiques, des chants religieux, l'hymne du *Te Deum*, des illuminations et des fêtes nationales pour des milliers d'hommes égorgés ou mutilés dans les duels des peuples !

Il est si facile de prouver que la guerre fait violence à tous les sentiments d'humanité, et d'extraire de l'histoire des peuples anciens et des peuples modernes, le résultat partout apparent que la guerre a constamment amené tous les malheurs du globe et souvent causé la ruine et la chute des Empires !

Mais il est malheureusement utile de peindre encore, de retracer incessamment les funestes résultats de la guerre; de montrer la Grèce tombant, après des batailles célèbres, après de longs déchirements intérieurs, sous le joug de Philippe et d'Alexandre, puis sous le joug des Romains, puis devenir une province sans nom sous le sabre des Ottomans!

Il est encore utile de montrer Rome, aspirant à la conquête de l'univers, et s'en disant la reine, déchoir de la république dans l'empire; s'affaiblir sans cesse en s'étendant toujours; étreindre, avec ses légions, le monde qui lui échappe; de maîtresse tomber esclave, et de dominatrice de la terre, cadavre géant effacé sous le pied des Barbares!

Il est utile de redire encore la fin tragique de presque tous les conquérants, de rappeler que la plupart, après avoir rempli l'ancien continent du bruit terrible de leur nom, sont morts sans avoir laissé un trône et un État; qu'Alaric, Timour, Gengis, ont passé sur la terre comme des ouragans, et qu'il n'est resté de leurs conquêtes, comme de celles de Cyrus, d'Alexandre et des premiers Césars, que des ruines ignorées et des noms fameux, plus ou moins flétris par la voix de l'humanité.

Une des hautes leçons de l'histoire est de montrer combien le sort des armes est incertain. La perte d'une bataille peut entraîner celle d'un État. Une nationalité peut périr en quelques heures de combat. Que serait devenue la France, dans les derniers temps de Louis XIV, si, après quarante ans de victoires, de longs revers n'eussent enfin trouvé, dans la plaine de Denain, un terme inespéré, si inespéré que le vieux Roi projetait déjà de monter à cheval pour aller, disait-il, *s'ensevelir sous les ruines de la monarchie!*

Souvent le hasard a fait seul le destin des batailles : il en est qui, d'abord perdues, ont fini par être gagnées, comme cela est arrivé dans les champs de Fontenoi et de Marengo ; il en est d'autres qui, d'abord gagnées, ont été perdues comme on l'a vu à Waterloo : ainsi donc le hasard a décidé, à Marengo l'établissement, et à Waterloo la chute de l'Empire!... Quel sujet de méditation pour les rois! Quel enseignement pour les peuples!

Plus un Empire s'accroît en surface par les armes, plus il s'amincit au fond. Plus il s'élève, et plus sa chute apparaît prochaine dans sa fausse grandeur; c'est comme la ligne de bataille qui, a mesure qu'elle s'étend, devient plus facile à rompre.

Les exemples, les preuves de l'histoire, les leçons abondent : mais les grandes ambitions ne savent les entendre. Charles XII ne vit point que la victoire de Narva amènerait le grand revers de Pultawa. Napoléon ne vit point que l'aigle s'élevant au soleil d'Austerlitz pourrait s'abattre dans la soirée de Waterloo. Tout Gouvernement qui rêverait encore la suprématie, la préfecture du monde, à qui il faudrait sans cesse des conquêtes, sans cesse des dépouilles, et partout la domination, se tromperait, comme se sont trompés tous les envahisseurs et tous les conquérants. Dieu a donné la terre aux hommes, et non à un homme ou à un Gouvernement. Il punit les ambitions insensées, même dans la durée temporaire de leur éclat, et quand ce qu'on appelle la gloire marche au dehors, la misère reste et menace au dedans. La guerre apauvrit tout, même la victoire. Des succès prolongés ruinent les vainqueurs ; les revers arrivent, et le monde échappe toujours à qui veut l'envahir. Ce n'est pas la guerre par les armes qui profite longtemps : c'est la lutte pacifique des rivalités industrielles et commerciales qui seule profite toujours.

Les deux premières parties du programme n'offrent donc d'autre difficulté que celle de choisir les faits et de les résumer, de savoir raisonner, convaincre ou émouvoir.

Mais longtemps encore, peut-être, se montreront, dans la troisième partie, la chimère de l'idéal et l'utopie de la vertu. Les moyens d'assurer les bienfaits universels d'une paix immuable, semblent défier tous les efforts de la science et du génie.

Aussi, dans le nombre considérable de Mémoires envoyés au concours, il ne faut pas s'attendre à trouver ce qui est, en ce moment du moins, introuvable, les moyens certains d'une exécution prompte et facile, de fonder et de conserver la paix permanente entre les nations.

Tout ce qu'on doit raisonnablement espérer et rechercher, c'est le travail le plus satisfaisant, qui établisse le mieux, non la prochaine réalité du succès, mais sa possibilité dans un plus ou moins long avenir.

Il importait donc d'appeler l'attention du monde civilisé sur cette question, la plus grande de notre époque ; la voilà posée : c'est déjà un progrès.

Vingt-quatre mémoires, dont quelques uns sont écrits en italien, en anglais, en allemand, et dont la plupart sont des volumes, ont été envoyés au concours. Remarquons, en passant, comme une singularité historique, que la Société de la Paix de Londres, ayant mis, à la même époque, le même sujet au concours, a reçu précisément le même nombre de vingt-quatre mémoires : ce qui semblerait annoncer un intérêt égal porté par deux peuples puissants par les armes, à la question de la paix universelle et permanente.

Dans le sein de notre Société, un premier examen a eu pour but d'exclure les mémoires dont la faiblesse, sous les rapports de la forme et du fond, était relativement évidente.

Dans une seconde opération, ont été réservés les mémoires qui méritaient de concourir, et ils se sont trouvés au nombre de sept.

Enfin, il est résulté d'un troisième examen que les auteurs des n°s 4 et 9 partageraient le prix ; que deux médailles d'argent seraient décernées aux auteurs des n°s 8 et 14, et qu'une médaille de bronze serait donnée à l'auteur du n° 13.

Les billets cachetés, ayant été ouverts, ont fait connaître que le prix était partagé entre M. Bazan (de la Manche) et M. ***.

M. Bazan, qui se montre étranger à tout désir de gloire

littéraire, semble n'avoir été mu que par un sentiment qui fait estimer en lui l'homme religieux, le savant qui s'ignore, et l'ami de l'humanité.

Il y a, dans les deux ouvrages qui partagent le prix, des mérites réels :

Le mérite des principes ;

Celui des plus louables sentiments ;

Celui de la science et des faits de l'histoire ;

Celui de la pensée à un degré remarquable ;

Celui du style à un degré suffisant.

Dans le n° 4 on trouve plus de précision, quelquefois trop de précision ;

Dans le n° 9 on remarque plus de faits détaillés, quelquefois trop de citations, ou trop de détails.

L'auteur du n° 4 (**M.** Bazan), dans le tableau historique des malheurs de la guerre depuis les temps les plus reculés jusqu'à nos jours, se montre, sinon plus méthodique, du moins plus saisissant dans son énergique précision, que l'auteur du n° 9 (M. ***), dans le long exposé des faits qu'il rapporte, mais qui cependant ont leur utilité. L'un suppose les faits connus, et raisonne ; l'autre recueille les faits et conclut. Les deux procédés ont chacun leur avantage.

.   .   .   .

L'analyse des moyens proposés par les deux auteurs, la citation même des sommaires de leurs chapitres prendraient trop de place dans ce rapport. En général, parmi les moyens indiqués se trouve la *Diète* permanente des délégués de toutes les nations, qu'il serait aussi difficile de faire adopter aujourd'hui, que lorsque le cardinal de Fleury disait à l'abbé de Saint-Pierre, à propos de cette diète : « Vous avez ou-
« blié, monsieur, pour article préliminaire, de commencer
« par envoyer une troupe de missionnaires pour disposer le
« cœur et l'esprit des princes. »

Parmi les autres moyens, il en est d'heureux et de sages :

pourtant, ce ne sont, ce ne pouvaient être que des semences qui, pour la plupart, ont encore besoin de mûrir sous le soleil de la civilisation.

Mais c'est beaucoup, d'avoir appelé la méditation sur des idées, dont les unes peuvent être admises, les autres discutées, combattues ou modifiées.

Sans doute, dans tous les projets qui ont pour but d'amener les peuples et les rois à s'entendre pour fixer invariablement ce que j'appellerai la *Charte de la Paix*, il doit y avoir plus ou moins d'utopies. Mais enfin, la plus haute et la plus sainte occupation de l'esprit humain est de travailler à faire arriver à l'état possible d'exécution, ce qui peut paraître d'abord le plus beau rêve de la raison et de l'humanité.

Une considération nous a frappés en lisant les nombreux Mémoires envoyés au concours: c'est que les auteurs avaient à remplir deux conditions presque inconciliables : écrire à la fois pour les hommes instruits et pour les masses qu'il faut éclairer. Cette tâche était impossible: il fallait choisir.

Or, en général, les ouvrages envoyés au concours sont moins faits pour les hommes ignorants que pour les hommes éclairés.

Mais, pour la grande question de la paix universelle et permanente, c'est, comme dans la nature, sur les lieux les plus élevés que le jour doit commencer avant de se répandre dans la plaine.

Jusqu'à des temps meilleurs où il y aura une instruction plus générale dans les peuples, de petits écrits sages et raisonnés, tels que ceux que publie la *Societé de la Paix* de Londres, seront peut-être le meilleur moyen de faire comprendre et surtout sentir aux masses illettrées les avantages de la paix.

Il s'agit principalement aujourd'hui de porter une plus grande lumière dans le conseil des rois; car c'est pour les gouvernements encore plus que pour les gouvernés, qu'à une époque où la politique des intérets domine, il importe de démontrer que la paix, premier besoin des peuples, est aussi le premier intérêt des rois. Cette démonstration facile vaut peut-être mieux que tous les moyens qui peuvent être indiqués dans la 3e partie du programme.

Et cependant, recherchons toujours ces moyens : jamais peut-être ne parut plus vraie qu'à l'époque où nous vivons, cette antique maxime d'un sage de la Chine: « Tous les projets raisonnables de l'homme s'accompliront. » Déjà n'avons-nous pas vu la question de la suppression de la Traite, que ne peut tarder à suivre l'abolition de l'Esclavage: les questions de la suppression des Jeux publics et des Loteries, et d'autres questions éminemment sociales, dont la solution paraissait difficile et éloignée, être mises au concours par la Société de la Morale Chrétienne, et passer rapidement de l'état d'examen à l'état de loi? Nous sommes arrivés à une époque où la civilisation marche sur les ailes du temps : ce concours même en est la preuve. Nous n'avons pas encore le plan de Henri IV réalisé : mais l'espérance qu'il pourra l'être ne s'est jamais montrée dans un avenir aussi prochain.

C'est aux hommes sages de tous les pays qu'il appartient de faire un appel au besoin général, au premier, au plus grand intérêt des peuples de la terre ; les peuples entendront ; l'opinion se formera dans les esprits comme dans les consciences. et les Gouvernements ne pourront rester sourds à sa voix. Le temps n'est plus où l'on pourrait appliquer le : *Quidquid delirant reges plectuntur Achivi.* La raison a marché avec les siècles; et quand, en 1813, les souverains coalisés voulurent engager les peuples dans la lutte européenne contre Napoléon, les peuples ne voulurent se lever et marcher qu'à condition qu'on leur donnerait des lois constitutionnelles.

Déjà la paix européenne s'est maintenue depuis un quart

de siècle. L'histoire n'offre peut-être pas une si longue halte dans le repos des peuples. Ce fait donne une espérance et semble offrir un présage. Tout prospère dans la paix: les arts y fleurissent; et c'est à Paris, plein des trophées de la victoire, c'est dans le palais des Beaux-Arts qu'auront été décernés, en France, les premiers prix du concours pour la paix: c'est encore un présage.

La Société de la Morale Chrétienne a rempli un de ses grands, le plus grand de ses devoirs en ouvrant, en France, la carrière où la paix universelle et permanente a dû être montrée comme le but qu'il est d'un intérêt général d'atteindre; et en couronnant deux ouvrages qui indiquent, non d'infaillibles moyens d'arriver promptement à ce but, mais les meilleurs moyens qui aient été proposés jusqu'à ce jour; la Société de la Morale Chrétienne a jeté une semence qui germera dans l'esprit des peuples, dans la raison des rois; et la semence portera son fruit à une époque dont cette Société aura hâté l'heureux avènement.

Les Sociétés de la Paix qui sont dans les deux mondes, et s'y multiplieront, mettront en commun avec la Société de la Morale Chrétienne, leur zèle et leurs efforts pour éteindre les haines nationales, en rallumant partout le flambeau des vertus chrétiennes; pour assurer le triomphe universel et permanent de ce qu'on peut appeler la cause de Dieu et de l'humanité, la cause sainte où sont engagés tous les besoins de la terre, la prospérité des peuples, et l'intérêt enfin, et désormais bien entendu, de tous les Gouvernements et de tous les rois.

⟳⟲

NOTE DE L'AUTEUR

SUR LE RAPPORT QUI PRÉCÈDE.

En jetant les yeux sur le compte-rendu de la Société de la Morale Chrétienne, l'auteur, qui n'avait en pour objet que de servir la cause de l'humanité, du moins en tant que ses forces pouvaient le lui permettre, a été vivement touché des éloges inattendus qu'a bien voulu lui adresser la Société par l'organe de l'honorable M. Villenave, son vice-président.

Toutefois, il éprouve le besoin de dire quelle pensée a présidé à la rédaction de son manuscrit, afin que tout lecteur puisse l'apprécier ce qu'il vaut : rien de plus, rien de moins.

Il a cru devoir présenter son travail sous la forme de *discours*, parce que l'allure de la phrase est *plus vive, plus saisissante, partant plus persuasive :* dès lors tout détail minutieux, languissant ne pouvait être admis. Peut-être a-t-il trop pris au pied de la lettre cette recommandation de Boileau :

> « N'imitez pas ce fou qui, décrivant les mers, etc. »

Du reste, un discours est une sorte de drame qui semble ne pouvoir dépasser, pour l'action, une séance ordinaire, et, à ce titre, il ne serait pas impossible que quelques personnes trouvassent la troisième partie de ce livre trop chargée de détails. *L'esprit humain ne peut concevoir une chose clairement que sous la condition de la borner : quand on a la prétention de tout dire sur un objet, on ne dit rien de net et de précis.*

Une chose qu'il faut bien remarquer, c'est que la paix universelle est intimement liée à l'organisation des forces militaires; et, sous ce point de vue, il eût été peut-être rationnel de faire entrer la question de la subordination des hommes de guerre, qui n'est autre chose que la conséquence de l'organisation des armées, dans la troisième partie du discours sur la paix, comme moyen d'atteindre le but; mais l'ouvrage eût évidemment péché par la symétrie. Avec une armée territoriale, la discipline se modifierait d'elle-même; plus de nouveau César à craindre, ni de Rubicon à franchir, partant, point de désastre semblable à celui de Pharsale, qui mit la république romaine à la merci d'un général heureux!....

Dans l'un et dans l'autre de ses manuscrits (la Paix et les Devoirs civiques des Militaires), l'auteur a été mu par cette pensée si éloquemment rendue par M. Villenave, *que c'est sur les lieux les plus élevés que le jour doit commencer, avant de se répandre dans la plaine.* En effet, le secret de la paix permanente et d'un meilleur système d'organisation des armées, qui en est comme le corollaire obligé, est tout dans la tête des rois et dans le cœur des membres des assemblées délibérantes.

L'auteur se dévoue pour la noble cause de la paix; il écrirait même en faveur des idées pacifiques sur un champ de bataille ; enfin il conjure tous les vrais philosophes d'entrer dans cette carrière, la seule où il y ait de la gloire réelle à moissonner ; de ne déposer la plume que quand le glaive sera rentré dans le fourreau, et que les milliers de bras qui n'attendent qu'un signal pour lancer la foudre, soient employés à bâtir des temples à la Concorde!..... *Béni soit le prince qui, malgré les passions aveuglément belliqueuses qui grondent autour de lui, sait cependant conserver le bienfait de la paix :* l'histoire lui rendra la justice que ses contemporains lui refusent!...

DISCOURS

SUR LA

PAIX UNIVERSELLE ET PERMANENTE.

Introduction.

> La guerre n'est point l'état normal
> des peuples, mais bien la maladie
> de l'état social.

Jamais question ne fut assurément plus digne d'être posée par une société de gens de bien, que celle dont la solution intéresse à un si haut degré le genre humain ; mais aussi, par cela même, jamais question ne fut plus difficile à traiter avec quelques chances de succès.

En effet, quand déjà plusieurs savants écrivains, animés des sentiments les plus purs, sont entrés dans la lice, et ont, pour ainsi dire, reculé d'effroi à la vue d'une tâche si périlleuse ; quand une foule de véritables philantropes, et à leur tête un homme d'une pénétration aussi profonde que l'abbé de Saint-Pierre, ont entièrement échoué dans leurs généreux desseins, ou, ce qui revient au même, n'ont laissé, sur cette importante matière, que des livres éloquemment écrits d'un bout à l'autre, ignorés même de la plupart des personnes qui ont à

1

cœur de travailler au bonheur de l'homme mortel ; on se demande si ce n'est point une coupable témérité que de chercher, après eux, à pénétrer dans cette épineuse carrière, et si l'écrivain consciencieux, élevant la voix du milieu de la foule de ses semblables, sera plus attentivement écouté de nos jours qu'il ne le fut autrefois.

Cependant, il semble que les idées dominantes de notre époque soient plus favorables à l'établissement d'une *paix perpétuelle et universelle* qu'elles ne l'étaient il y a un siècle ; car, sans cette tendance, apparente du moins, le découragement glacerait, dès les premiers pas. quiconque voudrait entreprendre de servir sérieusement la cause de l'humanité, en essayant de démontrer que la véritable gloire se trouve au sein de la paix, dans le perfectionnement des institutions sociales et l'extension de l'industrie ; mais non, comme on l'a cru jusqu'à ce jour, sur les champs de batailles !

Malgré l'insuffisance de nos forces et de nos lumières, nous allons cependant tâcher de seconder les vœux de la Société de la Morale Chrétienne en mettant au jour quelques idées qui, sans avoir le mérite de la nouveauté, peut-être, pourraient néanmoins devenir le véhicule de pensées plus solides, plus profondes, et, par ce moyen, avancer l'époque où les peuples, plus éclairés sur leurs véritables intérêts, renonceront simultanément aux habitudes belliqueuses pour dresser des autels à la Concorde, et réaliser ainsi les vues du christianisme, en faisant des peuples de toute la terre une seule et même famille.

Notre travail se divisera donc, conformément au programme de la Société de la Morale Chrétienne, en trois parties distinctes.

Dans la première, nous ferons nos efforts pour démontrer que la guerre fait violence à l'humanité ; qu'elle est complétement opposée à la prospérité des peuples et au bonheur de l'homme considéré dans ses rapports physiques, moraux ou intellectuels.

Dans la seconde, que la guerre est en contradiction évidente avec l'esprit et les préceptes du christianisme, dont le but est la plus étroite confraternité parmi les hommes.

Dans la troisième enfin, nous développerons les moyens qui nous paraissent les plus propres à concilier les différends entre les nations, sans avoir recours aux armes.

S'il arrive que les hommes de guerre nous lisent un jour, nous les supplierons de nous pardonner notre franchise ; car, pour inspirer l'horreur des combats, nous attaquons quelquefois leur état avec la vigueur, la résolution qu'ils montrent en chargeant l'ennemi ; mais ce n'est que le principe même de la guerre que nous combattons, tout en révérant le caractère personnel des braves.

Première Partie.

***

ORIGINE DE LA GUERRE, SES CONSÉQUENCES POUR LES PEUPLES.

Quand on a commenté l'histoire avec la volonté sincère d'en tirer quelque leçon qui puisse être profitable aux générations présente et future, on est presque étonné de trouver dans tous les temps l'homme toujours le même, c'est-à-dire constamment enclin à satisfaire ses vues d'ambition ou de vengeance.

Vainement l'on voudrait donner une plus noble origine aux querelles, aux dissensions survenues entre les peuples, depuis les premiers Assyriens jusqu'aux Romains, et depuis ceux-ci jusqu'à nous : oui, dans l'antiquité comme dans les temps modernes, l'ambition, la vengeance ont été le motif de tous les sanglants démêlés entre les nations; et le prétexte..... souvent une insulte apparente ou bien un affront prétendu qui n'eurent de fondement que dans une extrême susceptibilité (1).

Si nous remontons aux premiers temps, nous serons convaincus que si la guerre est une chose horrible entre les hommes, elle est du moins en quelque sorte une nécessité qui semble légitimer son objet, et, en l'absence d'une civilisation avancée qui éclairât les peuples sur leurs véritables droits, la force tint lieu de loi, et les populations durent alors marcher en aveugles sur les pas de quiconque eut assez d'ascendant près de ses semblables pour s'en faire obéir : telle est, comme chacun le sait d'ailleurs, l'origine de la royauté, partant, celle des sociétés.

Et comment, dans ces temps, la force n'aurait-elle pas été mise à la place du droit? Qui donc aurait pu tracer à un Nemrod, par exemple, les limites de ses états, lorsque, selon toute apparence, aucun peuple voisin ne se trouvait assez fortement constitué pour opposer une digue puissante aux penchants ambitieux de ce prince? Il arriva donc qu'après avoir, par la violence, courbé maintes populations sous son joug, Nemrod ne connut plus de

______

(1) Il est certain que nous ne voulons pas parler ici des guerres qui ont pour objet de repousser une agression étrangère; car, selon notre manière de voir, celles-là sont justes, saintes même ; nous ne voulons pas non plus mettre au rang des guerres impies ces aventureuses entreprises connues sous le nom de Croisades : ces guerres, tout-à-fait exceptionnelles, sont diversement regardées dans leur objet. Pour le vrai chrétien, elles sont sacrées ; mais pour tous ceux qui ne sont point pénétrés de l'importance d'arracher le tombeau du Christ aux profanations des infidèles, elles rentrent dans la catégorie des guerres ordinaires d'invasion ; mais, nous le répétons, les croisades ne se présentent point à nos yeux sous ce point de vue.

bornes à son humeur farouche et belliqueuse, et devint ainsi le premier chaînon des conquérants.

Quand, plus tard, les Phéniciens et les Égyptiens peuplent de leurs colonies et tout le nord de l'Afrique et le midi de l'Europe, nul ne put dire à chacun des chefs des populations émigrantes : *Voilà les bornes que tu ne franchiras point.*

Comme on le voit, dans l'enfance des sociétés, tous reconnaissent le principe de la force comme un droit, et il n'en pouvait être autrement.

Bientôt aussi la fièvre des conquêtes fait sortir un Sésostris du fond de l'Égypte pour ravager l'univers ; le même principe, l'ambition, rougit tour-à-tour les eaux du Tigre et de l'Euphrate ! D'abord Babylone est maîtresse, puis, un peu plus tard, c'est Ninive ; l'une et l'autre à la fin succombent, comme les prophètes l'avaient annoncé, et ces deux superbes rivales ne laissent pas même aujourd'hui la moindre trace de leur orgueilleuse existence !...

Nous pourrions encore citer, dans les temps reculés et incertains, cette fameuse ville de Troie qui, par sa position sur la côte de l'Asie-Mineure, semblait devoir dominer et l'Europe et l'Asie ; cependant elle tombe au milieu de sa prospérité, après dix ans de combats acharnés durant lesquels ses campagnes furent arrosées du sang de ses propres citoyens et de celui des plus fameux héros de la Grèce réunis pour venger un affront : là aussi un empire florissant est sacrifié à la déesse Némésis.

Mais, comme on l'a dit, les limites des états n'étant point et ne pouvant même être déterminées d'une manière positive dans les premiers temps, de grandes querelles sur le droit de possession durent s'allumer entre les peuples; ces querelles eurent souvent pour cause secrète la jalousie; enfin, sans chercher à légitimer des agressions non motivées, du moins est-il permis de trouver quelque excuse dans les mœurs du temps. On sait qu'alors une guerre se terminait presque toujours par la complète extermination ou l'esclavage des vaincus. C'est ainsi que le vieillard Priam, roi de Troie, est immolé au pied même des autels qu'il tenait embrassés, et que la femme de son vaillant fils Hector, la vertueuse Andromaque, tombe au pouvoir du fils d'Achille!

Mais hâtons-nous de sortir des traditions incertaines pour retracer, d'après des faits historiques incontestables, la guerre dans toute son horreur, et la victoire dans la nullité de ses résultats.

Nous tairons même tout le sang qui coula en abondance dans les campagnes de Cyrus contre les Lydiens et les Assyriens; et, sans chercher jusqu'à quel point le roi Balthazar, ce voluptueux successeur des Nabuchodonosor, mérita de voir son empire envahi par les Perses, nous demanderons si la chute ou le bannissement des Pisistrates d'Athènes fut un motif assez puissant pour exciter le ressentiment et le courroux des Darius et des Xerxès, et lancer sur la Grèce inoffensive ces millions de soldats qui, poussés comme des esclaves sur les champs de bataille de Marathon, de Salamine et de Platée, y trouvèrent infailliblement leur tombeau! Ici, le ciel se déclare hautement contre les Perses, qui reçoivent le prix de leur injuste agression.

Cependant les Grecs, habitués aux combats, ne

sont pas même débarrassés des ennemis du dehors,
que de vives querelles éclatent au milieu d'eux, et
embrâsent tout le Péloponèse durant plus de vingt
ans ! Et quelle en était la cause?

Sparte, Thèbes, Athènes, deviennent l'une pour
l'autre de terribles rivales ; aucune ne le veut céder
à l'autre en fait de prépondérance, et leur ambition
ne s'éteint que quand un ennemi, non moins ambitieux qu'elles, ayant attiré toute la Grèce sur le
champ de bataille de Chéronée, porta aux descendants des Thémistocle et des Léonidas un coup dont
ce pays héroïque ne se releva jamais. En un moment, il perd sa liberté, sa nationalité, et passe sous
le joug de ce Macédonien que naguères il méprisait
au point de ne pas le reconnaître comme digne de
faire partie de la famille des Hellènes !

Sans la passion extrême des Grecs pour la gloire,
sans leurs guerres intestines, que l'on peut qualifier
d'interminables, il est certain qu'Alexandre, pour
qui le monde entier était devenu un domaine trop
étroit, fût demeuré roi du petit pays de Macédoine!

Mais des fleuves nouveaux de sang humain vont
couler ; ce jeune ambitieux, sous prétexte de venger la Grèce des incursions des Perses, court attaquer Darius-Codoman au sein même de ses états,
remporte les victoires d'Issus et d'Arbelles, et la Perse
entière devient une province du royaume de Macédoine? Ce n'est pas tout, il porte la terreur et la dévastation jusque sur l'Indus, et ne s'arrète enfin que
quand il ne trouve plus de peuples à subjuguer.

Encore, si pour prix de tant de sang et de larmes,
les nations attachées à son char pouvaient jouir seu-

lement quelque temps des bienfaits d'une paix fondée sur la victoire ! Non, à cette monarchie éphémère, va succéder le plus épouvantable chaos.

Les lieutenants d'Alexandre partagent entre eux la dépouille de leur maître tout ainsi que des tigres en furie se précipitent sur une proie qu'ils convoitent depuis long-temps : ainsi, durant vingt ans entiers, l'univers retentit des combats que se livrent ces farouches rivaux.

Cependant le monde est à peine sous la domination de ceux des héritiers du vainqueur de Darius, en faveur desquels la fortune s'était déclarée, que des conquérants nouveaux viennent à leur tour désoler la terre : rien ne résiste à l'ambition effrénée du peuple romain, et l'on voit successivement succomber sous ses coups : Carthage, qui entraîne dans sa chute la célèbre Numance en Espagne, le royaume de Numidie et tous les autres états du nord de l'Afrique, puis la Macédoine, la Grèce, le royaume de Pont et toute la Syrie, la Gaule, une portion de la Germanie.

Il faut dire aussi que, vers les temps où naquit Jésus-Christ, le domaine des Ptolémées était également devenu la proie des descendants de Romulus.

Cependant la soif des conquêtes, qui ne cesse de dévorer les Romains, les traitements humiliants et barbares que ces farouches républicains réservaient aux rois et aux peuples vaincus, attirent d'horribles, mais justes réprésailles sur ces oppresseurs du monde. Au fond des épaisses forêts de la Germanie, et sous le ciel rigoureux des climats de la Scythie, s'organisent ces hordes vengeresses qui font irrup-

tion sur le formidable empire tenant alors l'univers
sous ses lois : les barbares détruisent tout, jusqu'aux
monuments mêmes qui attestaient la grandeur romaine, comme pour en dérober la mémoire aux
races futures ! Et telle fut la puissance des dévasta-
teurs, que, sans quelques débris, quelques restes
d'édifices échappés çà et là au naufrage universel,
enfin, sans quelques fragments de la littérature des
Romains qui, par une sorte de miracle, sont parve-
nus jusqu'à nous, l'on ignorerait aujourd'hui qu'en
Italie vécut autrefois un grand peuple qui faisait ses
délices de la guerre, un peuple qui ne put souffrir
qu'aucune nation voisine existât en liberté selon ses
mœurs et ses lois, un peuple enfin qui périt lui-
même victime du fléau destructeur qu'il avait tant
de fois porté au sein des nations les plus paisibles.

Nous eussions voulu pouvoir abréger cette narra-
tion historique des guerres de l'antiquité, mais il
a paru à propos de bien établir les faits particuliers,
avant de passer aux conséquences qui s'y rattachent
en général.

Hé bien ! déroulons la carte du monde connu à
l'époque de la grande invasion des barbares, c'est-
à-dire, à peu près vers le milieu du V⁰ siècle de l'ère
chrétienne, et comptons combien, en Asie, ce ber-
ceau du genre humain, en Afrique, contrée du globe
qui ne fut pas moins célèbre que l'Asie, en Europe
même, partie qui ne fut pas non plus sans être féconde en peuples fameux, comptons, disons-nous,
combien d'empires encore debout parmi ceux dont
l'existence est antérieure à Jésus-Christ.

Les Babyloniens et les Ninivites ont existé; les

Assyriens, les Troyens, les Perses ne sont plus, et la monarchie même d'Alexandre n'a fait que passer ; la puissance et la richesse des Carthaginois se sont écroulées, et l'on ne sait pas même bien positivement le lieu où fut Carthage : l'on ne connaît non plus rien de l'Égypte, sinon quelques gigantesques ruines qui attestent que, sur les rives du Nil, vécut autrefois un grand peuple. Enfin les Grecs ne nous offrent plus que les beaux et les riches souvenirs qu'en ont laissés leurs historiens : quant aux Romains, nous avons dit, il n'y a qu'un moment, quelle a été leur destinée.

Ainsi, tous les peuples de l'antiquité, sans aucune exception, ont éprouvé le même sort (1).

Maintenant, quelle est la cause de leur ruine ou de leur disparition de la scène politique, sinon les guerres acharnées, les querelles sanglantes et continuelles qui ont affligé toutes ces parties du monde ? Il n'y avait point alors, comme nous l'avons dit en commençant, de prépondérance suffisante entre les différents états, et, par conséquent, nul frein à l'esprit de conquête de la part du monarque qui était ou pensait être le plus fort.

Mais une idée dominante et funeste pour les nations belliqueuses, c'est celle de la monarchie universelle ; c'est cette fatale idée qui a tourmenté les Nabuchodonosor, les Cyrus, les Alexandre, le Sénat Romain.

---

(1) Il est pourtant vrai que l'empire des Chinois existait long-temps avant Jésus-Christ ; mais les Perses, les Grecs, les Romains même, ont si peu connu ce peuple, que généralement on n'en fait aucune mention dans l'histoire ancienne.

Et remarquons bien que des puissances d'une étendue aussi démesurée que celles des Assyriens, des Perses, des Macédoniens et des Romains, durent nécessairement nourrir, exciter l'orgueil de leurs chefs.

Ah! si, pour le bonheur du monde, cette compagnie fameuse, que Cynéas prit pour une assemblée de dieux, se fût bornée à la paisible possession de toute la Péninsule italique, et eût laissé prudemment subsister Carthage, qui donc oserait affirmer que ces deux empires n'existeraient pas encore aujourd'hui (1)?

En effet, voyez celui des Chinois, fondé 800 ans environ avant Jésus-Christ, comment donc se fait-il qu'il subsiste encore à l'heure où nous écrivons, à peu près sur les mêmes bases que dans ses commencements? C'est que les Chinois ne sont point un peuple essentiellement guerrier. Voués particulièrement à l'étude des lettres et à la culture des arts, ils n'ont, pour ainsi dire, jamais eu de soldats que pour défendre l'intégrité du territoire de leur empire, et non pour porter la désolation au dehors (2).

Pareille disposition pacifique se remarqua aussi chez les Égyptiens : ils prouvèrent à l'univers, au temps de leur roi Sésostris, qu'ils pouvaient aussi

(1) Nous entendons d'excellents patriotes dire qu'il faut ruiner, écraser l'Angleterre ! Nous dirons, au contraire, nous, qu'il faut laisser vivre notre rivale. La concurrence des deux peuples est nécessaire pour soutenir réciproquement leur industrie. S'il est quelque chose que nos voisins fassent mieux que nous, tâchons de les imiter au lieu de les anéantir ; ayons donc les sentiments qui conviennent à des peuples civilisés, et non à des barbares.

(2) La querelle des Anglais avec les Chinois démontre cependant que ceux-ci sont peu capables de défendre leur pays.

marcher dans la carrière séduisante des conquêtes. Mais ils ne tardent pas à réprimer ce mouvement d'ambition qu'ils savaient être la ruine des états : l'agriculture, les sciences, les arts enfin, les professions utiles firent désormais leur occupation unique, et ils eurent la gloire, qu'aucun peuple n'a eue depuis, de voir les autres nations leur demander des lois, et prendre modèle sur leurs institutions. Ceci explique comment les invasions des Perses, des Macédoniens, des Romains, ne firent, pour ainsi dire, qu'effleurer le sol de l'Égypte; ainsi les conquérants s'identifièrent volontiers avec la nation conquise.

Toutefois, il faut avouer que ces fréquents changements de dominateurs finirent par abâtardir les institutions et les mœurs de ce peuple étonnant; mais, s'il succombe, ce n'est point à la suite de quelque funeste bataille, comme la Grèce aux plaines de Chéronée, comme la Perse dans la fameuse journée d'Arbelles, ou comme Carthage enfin dans les champs de Zama (1), mais uniquement parce qu'un nouvel ordre de choses, incompatible en tout point avec l'ancien, va l'emporter, parce que le paganisme ne pourra soutenir victorieusement la lutte contre le christianisme, ou, en d'autres termes, parce que les destinées des anciens peuples sont enfin accomplies.

(1) Bien que la bataille de Zama, perdue par Annibal, sous les murs même de Carthage, ne soit pas immédiatement suivie de la destruction de cette ville, ruine qui fut la conséquence de la troisième guerre punique, il n'est pas moins vrai que la seconde de ces guerres, qui se termine dans la journée de Zama, met fin à la puissance des Carthaginois, puisque ceux-ci perdent l'Espagne et une foule de points importants sur la Méditerranée, et qu'enfin la flotte des Romains est désormais toute puissante.

Nous passons donc maintenant à l'historique des guerres qui se rattachent aux sociétés nouvelles.

———

Comme nous l'avons dit précédemment, des barbares ont reçu du ciel la mission de venger l'humanité outragée et de régénérer la terre, en accomplissant le vaste projet du roi Mithridate (1).

La guerre à outrance que se plaisaient à faire les Romains, cette habitude du carnage qu'avait trop souvent légitimé la victoire, tout donc prépare de longue main leur inévitable ruine. Comme un homme apporte en naissant le germe de la maladie qui doit le mettre au tombeau, de même Rome, née dans le sang, ne veut pas démentir son origine, et périt pour n'avoir point réprimé son penchant vers la guerre.

Les barbares fondent donc de nouveaux états sur les débris fumants du colosse renversé; mais, destinés à l'accomplissement d'une œuvre de mort, ces peuples cependant n'ont, en général, d'autres succès que de fonder çà et là des établissements sans durée, sans avenir. A leur approche s'enfuit, pour long-temps, la civilisation; les lettres cessent d'être cultivées, les arts tombent dans le plus complet abandon : tout donc rentre dans le chaos; les notions d'ordre ou de science gouvernementale sont remises en question, et, encore une fois, la force remplace le droit. C'est donc à la guerre de revendiquer les malheurs déplorables de cette

———

(1) On sait que Mithridate, roi de Pont, avait formé la résolution téméraire, mais digne d'un grand monarque, de porter la guerre dans Rome même, et de la noyer dans son propre sang, selon l'énergique expression de notre célèbre Racine.

époque de barbarie où les historiens ont coutume de placer le commencement du moyen-âge (1). La guerre devient donc encore une fois nécessaire, légitime, par conséquent, car enfin il faut créer les empires, et la victoire seule peut les enfanter.

Le premier état durable qui sort de cette confusion affreuse est la monarchie des Francs, qui existe encore aujourd'hui, et au sort de laquelle, nous pouvons le dire avec quelque orgueil, semblent être attachées toutes les autres puissances modernes. Pharamond, Mérovée, Clovis, versent le sang des hommes, et si ces guerriers trouvent grâce à nos yeux, ce n'est pas assurément parce que leurs actions sont couronnées par la victoire, mais bien, comme nous venons de le dire, parce qu'il fallait fonder de nouveaux états, et travailler à l'établissement futur d'un équilibre politique qui est le gage de la paix et du bonheur de l'homme vivant en société.

Plus tard, et malgré l'invasion des Arabes dans une partie de l'Europe, les nouveaux empires sortent peu à peu du néant, et, vers le milieu du Xe siècle, l'on voit déjà exister dans cette partie du monde :

Les Royaumes d'Angleterre, de France, d'Italie, de Suède et de Danemarck, l'empire d'Allemagne,

---

(1) Quand nous avançons que la force est encore une fois mise à la place du droit, ce n'est pas à dire, pourtant, que les Romains ne domptassent les peuples par la force; mais entre leurs mains, cette force était la guerre savante, la guerre disciplinée ; partant, il y avait tendance à un meilleur ordre de choses, du moins pour le genre humain, si les dominateurs du monde avaient su s'arrêter.

C'est donc la guerre savante qui, par ses excès mêmes, a ramené la guerre brutale des Huns, des Vandales. des Goths, etc., et tout remis en question, absolument comme au temps de Nemrod. Voilà où conduit toujours l'esprit de conquête.

les duchés de Pologne, de Russie et de Prusse :
le noyau du royaume d'Espagne existait déjà dans
les Asturies et la Navarre ; enfin l'empire d'Orient,
dont le siége était depuis long-temps établi à Constantinople, existait encore et étendait de nombreuses ramifications en Asie.

Il restait sans doute encore beaucoup à faire, à
cette époque, pour assurer la stabilité des nouveaux
états ; mais on y marchait progressivement. Toutefois, c'est encore une question importante de savoir
si l'esprit de conquête de Charlemagne n'a pas re-
tardé la solution du grand problème de la *Paix
perpétuelle*.

Comme les plus renommés conquérants de l'antiquité, Charlemagne aussi rêva la monarchie universelle : projet que, certainement, il était aussi capable
de réaliser qu'un Alexandre-le-Grand, mais qui ne
pouvait avoir de suite sous ses successeurs. De terribles revers, de funestes mécomptes pour les peuples, sont d'ordinaire le prix de l'ambition, et cette
terrible et éternelle vérité devrait faire frissonner
d'horreur les conquérants eux-mêmes, du moment
où ils entrent dans la carrière d'illusions qu'ils ont
la mission d'exploiter. « Qui transporte les pierres
« en sera meurtri, dit l'Ecriture, et qui rompra la
« haie sera mordu du serpent. »

Mais si, du temps de Charlemagne, il était encore
permis de considérer la force comme un droit, si
alors les états de l'Europe n'étaient pas constitués
de manière à exercer, les uns à l'égard des autres,
cette sorte d'attraction propre à les maintenir dans
des bornes respectives, si enfin la civilisation n'était

2

pas encore assez avancée pour reconnaître tout ce
qu'avait d'injuste la guerre entreprise sans motif
plausible, c'est-à-dire, pour repousser une agression
non provoquée, en était-il de même aux XVe, XVIe,
XVIIe, XVIIIe et XIXe siècles? nous ne le pensons
aucunement (1).

Au XVe siècle renaissent les lettres qui, comme
nous l'avons dit, avaient disparu à l'époque de la
grande invasion des barbares; avec elles reviennent
la politesse, l'urbanité des mœurs; enfin, le juste et
l'injuste peuvent être appréciés.

Dès lors, si l'on voit encore des guerres meurtrières, elles ne peuvent plus avoir pour cause qu'un fol
entêtement ou une ambition outrée. Cependant, au
temps de Louis XII ou de François Ier, les peuples
s'envoyaient volontiers des cartels, absolument comme
le faisaient les chevaliers, et plus d'une guerre, dans
ces temps encore empreints des mœurs du moyen-
âge, n'eut d'autre motif qu'un faux point d'honneur!
Serait-il possible que nous en fussions encore là de
nos jours où l'on se pique de raisonner?

En ce moment, il est vrai, deux armées ne se
donnent pas rendez-vous dans quelque vaste plaine
pour s'exterminer, non plus que deux flottes sur
l'océan; l'on ne convient pas d'avance du nombre
d'hommes qui devront tenir la campagne, ni combien

____

(1) Il ne suffit pas à un peuple, pour être exempt du reproche de
faire une guerre injuste, de rester dans ses foyers pour y combattre une
nation voisine que ses provocations y auraient attirée, il faut encore
qu'il n'y ait eu ni menaces, ni outrages de la part de la nation envahie.
Mais comment juger ces torts réciproques? C'est là certainement l'embarras qui existe aujourd'hui. Nous traiterons ce point du droit des peuples dans la troisième partie de cet écrit.

de canons, de chevaux, etc.; c'est la guerre policée redevenue barbare. Aidés des connaissances en physique, les guerriers modernes deviennent mille fois plus terribles que ceux de l'antiquité : les moyens de destruction ne sont pas assez énergiques à leur gré; il leur faut des machines formidables qui puissent pulvériser en un clin d'œil une ville, une armée, le genre humain tout entier !....

Ainsi, désormais deux armées ne se seront pas plutôt aperçues qu'elles seront détruites !.... Serait-ce donc pour faire un si funeste usage des secrets de la nature que le ciel les aurait communiqués à l'homme civilisé? Non; la Providence n'a pu remettre à dessein entre les mains des mortels de si terribles moyens de destruction.

Mais qui sait donc si ces nouvelles découvertes, toute barbares qu'elles sont pour l'humanité, ne devront pas contribuer, par cela même, à presser le moment où les peuples, reconnaissant l'injustice de la guerre comme l'inutilité de la défense, poseront enfin les bases d'une paix durable. Cette idée, qui semble contradictoire au premier abord, pourrait bien cependant avoir quelque degré de justesse, tant il est vrai qu'en toutes choses les extrêmes se touchent; aussi nous y reviendrons plus tard.

Après avoir considéré la guerre en elle-même, c'est-à-dire dans ses causes et dans ses résultats immédiats, nous allons maintenant l'envisager sous le point de vue de la prospérité des peuples, sous les rapports physiques et intellectuels.

En thèse générale, qu'est-ce que la guerre? peut-

elle être une situation permanente chez un peuple ,
ou bien n'est-elle qu'un accident? Nous ne balan-
cerons pas à dire qu'elle n'est qu'une position toute
exceptionnelle, et que l'état de guerre est la maladie
du corps social, comme la paix atteste pour lui la
jouissance d'une santé parfaite.

En effet, qui ne sent donc que l'état de paix, de
sécurité, est la position normale de l'homme, tandis
que la guerre apporte une perturbation complète
dans les vues et les intérêts de la communáuté?

Oui, l'existence devrait être considérée comme un
mal, si elle était donnée à l'homme sous la condition d'avoir toujours l'épée à la main pour défendre
sa propre vie ou pour attenter à celle des autres. Il
n'en est pas ainsi, et Dieu n'a pu vouloir nous faire
un si funeste présent.

Le repos du corps et de l'esprit est un bonheur
auquel nous aspirons tous avec plus ou moins d'ardeur, et les furibonds qui vont prêchant la guerre et
secouant partout les brandons de la discorde, demain seront les premiers à charger d'offrandes les
autels de la Paix! Il en doit être ainsi, car si, pour
quelques personnes, la guerre a de loin des charmes
séducteurs, tout change bientôt d'aspect quand on
aperçoit de près l'horrible déesse des combats. Au
premier cri de guerre dans un paisible pays, tous les
cœurs sont saisis, glacés d'effroi; l'homme, par un
instinct bien naturel, tremble pour les siens, pour
sa vie, pour sa liberté, pour ses biens. Les ateliers
se ferment; l'armateur fait rentrer ses navires dans
le port, ou bien empêche de sortir ceux qui, les
voiles déjà déployées, allaient bientôt s'élancer vers

des rives lointaines ; enfin, il ne reste, à la place d'une situation florissante et des chants d'allégresse des populations, que la misère et les cris de désespoir d'une foule de malheureux.

La condition de l'homme qui possède quelque fortune n'est pas moins désolante. Forcé d'avoir recours à des moyens extrêmes, le gouvernement écrase le citoyen chaque jour par de nouvelles taxes, des réquisitions à outrance. Le riche, pressé d'un côté par l'État qui lui arrache de vive force une portion de sa fortune pour faire face aux dépenses de la guerre ; de l'autre, cerné par les flots tumultueux de nécessiteux et de vagabonds qui hurlent sans cesse autour de son domaine, se trouve aussi, lui, dans une position vraiment insoutenable : la société tout entière est donc comme bouleversée, et chacun alors fait des vœux ardents pour le retour de la paix.

Mais, disent les promoteurs de la guerre, nous serons vainqueurs, et alors nous vivrons aux dépens des vaincus (1) ! Vous serez victorieux ! et qui donc en répond ? Varus, en partant pour sa fameuse expédition de Germanie, croyait aussi être vainqueur ; il lui semblait déjà voir Arminius attaché à son char de triomphe ! Hé bien ! il trouva la mort, lui et ses quarante mille hommes d'élite, au fond de la forêt d'Hercynie, et tout ce que Germanicus put faire, six ans plus tard, pour venger un tel désastre, fut de donner la sépulture aux os blanchis du trop présomptueux consul (2).

____

(1) Vivre aux dépens des vaincus ! quelle morale étrange ! . . . . . et pourtant c'est le langage du soldat.

(2) Selon quelques historiens, Germanicus aurait complétement réparé

On pourra répliquer à ceci que les Romains n'avaient pas nos connaissances en astronomie, en géographie, etc. C'est vraisemblable ; nous avons, en outre, de fameux traités d'histoire et de statistique qui nous disent au juste les forces réciproques des nations, les mœurs et les usages des peuples, la température de l'atmosphère, les produits du sol, etc.

Enfin, nous voulons bien admettre encore, en faveur du raisonnement de nos adversaires qui aiment la guerre et appellent ce fléau de tous leurs vœux, que les Romains ne possédaient point la même sagacité que nous autres Français. Or, cela étant, nous croyions revenir en triomphateurs des climats de la Moscovie !... loin de nous de faire ici l'historique de notre désastre pour en glorifier nos ennemis ; mais la conséquence que l'on nous permettra d'en tirer, c'est que l'armée la plus aguerrie, la mieux commandée, n'est pas toujours sûre de vaincre.

Et si nous osions interroger les braves qui se trouvèrent à Esling, ils nous diraient à quoi tient le sort d'un pays quand ses destinées dépendent du gain d'une bataille ! Or, si nous eussions été vaincus dans cette journée, qui pourrait calculer les résultats de cette défaite ?

En vérité, si, comme le disent les hommes bel-

---

l'échec de Varus. D'autres, au contraire, disent qu'après plusieurs campagnes meurtrières, le fils de Drusus fut obligé d'effectuer promptement sa retraite pour échapper au sort de Varus.

La forêt Noire, le Harz en Hanovre, les forêts de Thuringe et de Bohême, sont encore les restes de cette fameuse forêt d'Hercynie où les Germains vainquirent les troupes romaines.

liqueux, la guerre est l'effroi des gens sans cœur, il faut aussi convenir qu'elle doit faire frissonner d'horreur les gens de bien, ceux qui aiment sincèrement leur patrie; car ceux-là en sont les ennemis qui provoquent ce redoutable fléau : point de milieu, si l'on succombe, le pays est ruiné et perd sa nationalité ; est-on vainqueur? la nation court le risque de tomber sous le joug d'un tyran qui s'empare du pouvoir et confisque à son propre bénéfice tous les pays conquis et jusqu'à la liberté même de ses concitoyens : témoin le vainqueur de Pharsale.

Et puis quel caractère atroce l'habitude de la guerre imprime à une nation! Voyez les Romains, dont nous parlions il n'y a pas long-temps ; pour amuser ce peuple guerrier et conquérant par excellence, il faut que dans les cités, au sein de la paix même, le sang humain coule à grands flots dans les arènes : et quelles sont les malheureuses victimes que l'on immole à l'appétit belliqueux du peuple roi? de pauvres prisonniers que la fortune avait trahis dans les batailles; les uns étaient condamnés à s'entre égorger au milieu d'une foule immense de spectateurs ressemblant à des cannibales ; les autres devaient combattre contre des lions, des tigres, des ours, et se voir dévorés aux acclamations, aux applaudissements réitérés de ce peuple que quelques historiens nous dépeignent comme sensible, et d'une bonté sans égale (1) !...

—————

(1) Ce que l'on croira difficilement, mais qui est vrai cependant, c'est que les femmes, ces vertueuses dames romaines, renchérissaient encore de barbarie, en exigeant que les victimes tombassent avec grâce!.... Quelles mœurs!

C'est aussi de cette manière que les Romains firent périr bon nombre des premiers chrétiens. Voilà ce peuple que l'on nous fait admirer, dès nos jeunes années, comme un peuple modèle !

Et les sciences et les lettres, que deviennent-elles dans le désordre qui accompagne la guerre ? Ah ! ce n'est pas au cliquetis des armes, ce n'est pas au milieu des camps que se formèrent jamais les génies immortels qui ont honoré l'humanité et relevé la dignité de notre espèce.

On objectera peut-être que ce fut durant la guerre Persique que les plus beaux génies de la Grèce parurent, c'est-à-dire : Sophocle, Euripide, Phidias, Empédocle, Socrate, Anaxagore, Hérodote, Thucydide, etc. C'est là précisément une erreur qu'il importe de relever en faveur de la paix.

La guerre Persique, commencée en l'an 498 avant Jésus-Christ, doit être considérée comme finie dixhuit ans plus tard (en 480), époque où les Grecs, gagnant la fameuse bataille navale de Salamine, puis celle de Platée, l'année suivante, sont enfin débarrassés des incursions des Perses.

Or, les grands hommes que nous venons de citer étaient presque tous dans la vigueur de l'âge, et s'étaient déjà distingués par leurs travaux à l'époque où fut livrée la bataille de Marathon (490). Ainsi donc quand bien même la guerre serait favorable au développement des facultés intellectuelles (ce qui est complétement faux), cet exemple ne pourrait être raisonnablement invoqué.

Examinons maintenant avec quelque attention

l'état des sciences et des arts chez les Romains. Animés du démon des combats, il est certain que les peuples de l'Italie n'eurent de goût pour les beaux arts qu'après s'être mis en contact avec les Grecs : ce qui n'eut lieu, à proprement parler, que vers les derniers temps de la république, c'est-à-dire environ 140 ans avant Jésus-Christ, que Métellus et Mummius firent la conquête de ce pays. A partir de cette époque, les arts de la Grèce s'introduisirent dans la cité de Romulus ; mais il faut cependant remarquer que, sauf quelques rares exceptions, les Grecs et les esclaves furent les seuls qui les cultivèrent.

Cependant, si les mœurs des gouvernants ne s'adoucirent point, si le sénat se montra toujours animé de la même ardeur à poursuivre la chimère de la *monarchie universelle ;* enfin, si les consuls, les préteurs, ne se dépouillèrent point de leur avarice, et si les pays conquis furent toujours victimes de la rapacité d'hommes tels que les Verrès et les Lucullus, du moins les sciences et les savants adoucirent graduellement les mœurs des populations sédentaires ; puis les démêlés sanglants de Marius et de Sylla, de César et de Pompée, ayant fatigué les citoyens, vinrent volontiers achever ce que les arts avaient commencé au milieu de Rome, où, pour la première fois, l'on ferma le temple de Janus. Alors on vit paraître en même temps les célèbres poètes : Virgile, Ovide, Horace, qui vivront plus longtemps dans la mémoire des amis des belles-lettres que l'exterminateur des Gaulois et le vainqueur de Mithridate, dans celle des gens de guerre.

J.-J. Rousseau, dans son discours contre les

sciences et les arts, regarde comme une fatalité déplorable l'introduction dans Rome des poètes, des grammairiens, des sculpteurs, des architectes qui vinrent en grand nombre des climats de la Grèce. Nous, au contraire, nous rendons un sincère hommage aux savants et aux artistes, d'avoir en quelque sorte engourdi le peuple romain de manière à miner les fondements d'un empire'qui faisait si cruellement peser son joug de fer sur les vaincus; nous les remercions, disons-nous, d'avoir hâté le jour où les fers des esclaves durent être brisés, et d'avoir ainsi préludé à la création des sociétés nouvelles, appuyées sur l'esprit du christianisme.

Cependant un puissant obstacle s'oppose encore aujourd'hui à la réalisation de la *paix universelle,* qui est la base de la morale de l'Évangile; et cet obstacle, c'est la fausse idée que l'on attache généralement au mot de *gloire*. Qu'il y ait eu une belle moisson de gloire à cueillir dans les champs de Marathon, aux Thermopyles, à Salamine, pour des héros tels que Miltiade, Léonidas et Thémistocle, cela se conçoit; mais que l'on donne à Jules-César le surnom de *glorieux* pour avoir massacré sans aucune pitié plus d'un million, peut-être, de Gaulois, nos pères,... c'est ce que tout homme de sens ne voudra jamais admettre. Hé quoi! le guerrier téméraire et ambitieux qui, sans nul autre motif que d'assouvir sa passion pour les combats, va porter le fer et la flamme sur des plages lointaines, et revient tout couvert du sang des vaincus, aurait-il les mêmes titres à la gloire que le modeste citoyen qui, satisfait d'avoir repoussé l'étranger du sol de sa patrie, pose

le casque et la cuirasse et reprend ses occupations
paisibles ?...

S'il y a de la véritable gloire à dépouiller les peuples voisins pour le seul plaisir de faire la guerre et
de gagner des batailles, le voleur de grand chemin,
qui détrousse les passants, a droit aussi, lui, aux
honneurs du triomphe, car, à notre avis, il pro-
cède comme le conquérant; le premier sur une
grande échelle, le second sur un plan infiniment
moindre, sans doute; mais toujours est-il que l'action est, au fond, absolument identique aux yeux du
vrai philosophe.

Cette comparaison est humiliante pour les conquérants, pour les ennemis du repos du monde ;
nous en sommes bien fâchés, mais toutefois l'idée
n'est pas neuve assurément, et le célèbre Boileau,
bien qu'il ait souvent vanté les exploits de Louis XIV,
n'en dit pas moins, dans sa Satire VIII, en parlant
d'Alexandre.

« L'enragé qu'il était! né roi d'une province
« Qu'il pouvait gouverner en bon et sage prince,
« S'en alla follement, et pensant être Dieu,
« Courir comme un bandit qui n'a ni feu ni lieu ;
« Et traînant avec soi les horreurs de la guerre,
« De sa vaste folie emplir toute la terre :
« Heureux si de son temps, pour cent bonnes raisons,
« La Macédoine eût eu des Petites Maisons ! »

Jamais les amis de la guerre ne furent plus rude-
ment traités que par ce peu de mots qui, du reste,
sont connus de tout le monde.

Mais les poètes exagèrent, diront les favoris de
Mars ! Ce reproche, il est vrai, a bien quelque fon-

dement dans une foule de circonstances ; on sait qu'ils chantent généralement sur tous les tons : aujourd'hui Bellone et les combats, demain Flore et les bergers. Mais quoi qu'il en soit, Despréaux n'a point abusé de l'hyperbole en parlant ainsi des conquérants, et nous avons le bonheur de croire qu'il est, à cet égard, l'interprète fidèle des amis du genre humain.

Oui, c'est une bien déplorable erreur que celle qui consiste à décorer du beau nom de gloire les actions les plus répréhensibles, les plus barbares ! Non, non, la véritable gloire, nous en demandons volontiers pardon aux guerriers, ne se trouve point sur les champs de bataille ; non, la gloire n'est point où l'on fait un grand carnage de nos semblables : sur le trône, comme au sein de la famille, elle est tout entière dans l'accomplissement de nos devoirs, dans la pratique des vertus sociales. De même qu'un chef de famille doit mettre tous ses soins à entretenir des relations de bon voisinage, à faire prospérer sa maison par tous les moyens que permet l'équité, de même les rois, les gouvernants acquièrent une gloire immense en préservant leurs peuples des maux de la guerre, et en faisant fleurir les sciences au sein de leurs états : c'est à ces marques que se reconnaissent les gouvernements sages, ceux qui ont pour objet la félicité de l'homme.

Il faut bien prendre garde de croire, malgré notre profonde vénération pour les arts, que nous préconisions la culture spéciale de ces branches secondaires des connaissances humaines qui enfantent des poètes, des philosophes, des sophistes, des peintres, des statuaires ;... le ciel nous préserve de placer les sciences et les arts d'agrément au-dessus des choses dont l'utilité est incontestable !

Hé ! mon Dieu ! ne vit-on pas au XVIIe siècle, le plus guerroyant qui fut jamais, naître et s'élever ces littérateurs célèbres dont notre nation s'énorgueillit ? Le même phénomène, quoique sur des proportions bien inférieures cependant, s'est reproduit au commencement du XIXe siècle; mais on demande dans quel état était l'agriculture en ces temps si féconds en beaux-esprits, où les auteurs avaient soin de réchauffer, d'entretenir dans le cœur des monarques la dangereuse passion de la gloire ! Oui, le plus important des arts, celui de l'agriculture, était dans un état déplorable. Ce n'est pas cependant qu'il fût délaissé au point de n'y pas songer ; oh, non, non assurément. Jamais, à aucune époque, les ministres d'état ne s'en occupèrent davantage ; mais que pouvait-on faire quand les bras manquaient pour tracer les sillons, quand le soc de la charrue était condamné au repos, tandis que les hommes vigoureux qui devaient le diriger, occupés loin de leur patrie, tombaient décimés journellement par le fer et le feu de l'ennemi. Ils tombaient victorieux, il est vrai, mais leurs noms demeuraient ignorés de leurs contemporains mêmes, ou si la gazette ouvrait ses colonnes pour glorifier quelques noms, c'étaient presque toujours ceux des généraux ou des officiers supérieurs ! Il en fut de même dans tous les temps, dans tous les pays : le soldat, le simple soldat, cet aveugle instrument de la gloire (classe qui est toute composée des jeunes laboureurs et des ouvriers utiles), est toujours la victime des hommes puissants qui se passionnent pour la guerre.

Après l'agriculture vient nécessairement l'instruction morale et civile du peuple; mais il faut des sommes immenses pour nourrir le fléau de la guerre, et l'on voit alors se transformer en projectiles le salaire que, dans l'état de paix, on eût donné aux instituteurs ! et le peuple reste ainsi dans l'abrutissement, et devient bientôt l'esclave de quelque tyran.

Enfin, l'industrie particulière que devient-elle, lorsqu'elle consiste uniquement dans la fabrication des instruments de mort, lorsque les produits naturels du sol ne peuvent trouver de débouché? Tout se réduit donc alors à de beaux projets rangés méthodiquement dans les cartons dorés d'un cabinet de ministre. La nécessité réelle ou supposée de lever des troupes absorbe tout ; c'est là l'idée fixe du conquérant; et cette idée ruine et démoralise les peuples.

Cependant le négoce, ce père nourricier de toutes les nations, est, après l'agriculture, le plus important des arts qu'un bon gouvernement puisse encourager ; car enfin de quels bienfaits tous les pays du monde ne sont-ils pas redevables à cette profession ?

Si l'Europe a revu la paix, après un si long exil; si elle jouit encore aujourd'hui (en 1842) de ses incontestables bienfaits, malgré les circonstances graves qui l'ont compromise dans ces derniers temps, n'en doutons point, c'est au négoce qu'il faut attribuer la conservation de cet heureux état de choses. Et la raison, c'est que le négociant est cosmopolite de sa nature ; c'est parce qu'il a besoin de relations amicales fort étendues pour soutenir ses affaires, et mener à bien les spéculations d'où dépendent son bonheur ; c'est enfin parce qu'il ressent plus vivement que qui que ce soit les maux incontestables qui sont la conséquence immédiate de l'état de guerre. Or, à part quelques entrepreneurs avides qui, suivant habituellement les armées, trouvent toujours le moyen de s'engraisser des malheurs de leur patrie, oui, c'est le commerce, et surtout le commerce maritime que la France et l'Europe doivent remercier de n'être pas en feu au moment où nous écrivons ces lignes !

Un célèbre capitaine des temps modernes a prétendu que les négociants n'avaient point de patrie, et, à ce titre, il ne pouvait supporter le peuple des marchands. Puisqu'un héros, puisqu'un grand homme de guerre a tenu ce langage, nous l'acceptons avec joie comme étant très favorable pour la cause de la paix. Il sentait donc que le commerce devait un jour détrôner la guerre en cimentant l'union des peuples ?.... et il avait raison.

Les négociants n'ont point de patrie !.... tant pis pour les hommes qui aiment la vie et le tumulte des camps ; tant pis pour ceux qui pensent qu'il n'y a pas d'occupation plus sublime que d'incendier les villes et d'en massacrer les malheureux habitants.

Nous le répétons, le négociant n'a point de patrie, et cela doit être, ou plutôt sa patrie à lui, c'est tout le globe, parce qu'il est, comme nous l'avons dit, l'ami des hommes ! Pour lui, le monde entier n'est qu'un point ; par la pensée, il franchit des distances pour ainsi dire incommensurables ; il combat les obstacles qui naissent de la différence des langages, et se fait entendre partout ; du fond de son cabinet, il dirige ses vaisseaux sur l'immensité des mers, et correspond à la même heure avec Paris, Londres, New-York, Calcutta, Pondichéry ; enfin, il nourrit des milliers de familles qui lui doivent leur bonheur ; et, souvent avec les États, il traite de puissance à puissance.

Et voilà cette classe d'hommes que l'on désigne encore aujourd'hui, dans les salons des grands, sous le nom humiliant de *marchands, de boutiquiers !...* Et, ce qui est remarquable, c'est que plus d'un démocrate fougueux tient aussi le langage de la haute aristocratie. Ne nous plaignons pas de cette confusion de principes, car quand tout le monde déraisonne sur des matières aussi sérieuses, c'est, selon nous, une marque visible du rapprochement qui s'effectue entre les masses : c'est aux gouvernants à mettre à profit cette incertitude des esprits, en faveur de l'ordre et de la paix.

Mais, pour revenir plus particulièrement à la guerre, il ne faut pas croire que tous les capitaines se soient complus dans les horreurs des combats, dans le saccage des habitations qui tombaient sous leur main. Nous en citerons deux entre autres, l'un appartenant à l'antiquité, l'autre à l'histoire moderne, qui acceptaient la guerre non comme un passe-temps agréable, mais bien comme une cruelle et fatale nécessité.

Xénophon, qui fut peut-être le plus habile capitaine qu'ait produit la Grèce, et qui joignait à cette qualité celle de philosophe, répondit un jour à quelqu'un qui déplorait devant lui le nombre des victimes que faisaient les combats : « Mon ami, lui dit-« il, la guerre emporte sans doute beaucoup de mal-« heureux, mais elle en laisse encore davantage. »

Henri IV qui, en fait de courage et de valeur, ne l'eût certainement pas cédé à César, fut le guerrier le plus humain que l'on eût encore rencontré jusqu'alors. Le vainqueur d'Ivry avait une extrême horreur de la guerre, et il roulait même dans sa tête le projet d'une paix universelle, quand il tomba sous le fer d'un assassin.

On dit aussi, mais nous ne pouvons garantir la valeur de cette assertion, que l'empereur Napoléon, en voyant sur les champs de bataille des monceaux de morts et de mourants, a souvent déploré les maux de la guerre. Nous admettons sans restriction, comme très-véridique, ce que disent à ce sujet les historiens de cet illustre capitaine : de tels sentiments sont si honorables pour l'humanité que nous nous en emparons volontiers pour combattre l'esprit de conquête.

Quand des hommes aussi compétents en pareille matière ont sincèrement horreur de leur propre profession, il serait étonnant de rencontrer encore des gens sensés faire l'apologie du meurtre et de la violence sur notre espèce ; un tel penchant dénote un vice de cœur, des goûts féroces vraiment en dehors de la vraie civilisation. Prenons-y bien garde : le peuple le plus policé n'est pas celui qui est le plus habile à livrer des batailles, mais bien celui qui, respectant les droits des autres, vit en paix avec les puissances voisines , et met toute sa gloire à imprimer à ses institutions ce caractère de stabilité sans lequel il n'y a pour lui ni repos ni bonheur.

Une autre idée, non moins désastreuse pour une nation que la fausse gloire, c'est l'agrandissement du territoire. Oh! certainement, c'est bien là, rien que là, que gît la grande difficulté qui semble devoir s'opposer à jamais à l'accomplissement de la réconciliation des peuples. Il importe donc de dire aussi toute notre pensée à cet égard.

Nulle nation n'est satisfaite de son partage; et le vaste empire des Russes comme l'imperceptible république de Saint-Marin (1) sont tourmentés, obsédés du désir d'étendre leur domination!... Oui, c'est bien dans ce désir insatiable que se trouve l'éternel aliment des guerres injustes depuis les premiers temps jusqu'à nous; c'est là l'idée qui sourit à presque tous les publicistes dont les vues, exprimées en sentences prétendues patriotiques , précipitent les gouvernements dans un effroyable labyrinthe de misères.

Nous parlions, il n'y a qu'un moment, de la très petite république de Saint-Marin, qui, comme les plus grands empires, nourrit, entretient aussi en elle-même quelque dose d'ambition ; mais si les habitants de ce rocher sont aussi heureux que ceux de France, par exemple (et nous le croyons sincèrement), quelle est donc la valeur de ces déclamations en faveur d'une extension de territoire?

Voyez le peuple! il raisonne, il agit absolument

____

(1) Petite ville d'Italie renfermant au plus 7,000 habitants.

comme le ferait un homme seul ; les petits intérêts, les petites passions le poussent, le gouvernent. D'abord, à l'entendre, il est d'une modération extrême ; il ne lui faut rien, presque rien pour le contenter ; la jouissance ou la possession de quelque ruisseau, d'une colline inculte et sauvage mettraient le comble à ses vœux !.... Insensés ! vous ne voyez donc pas qu'en étendant le cercle de vos frontières, vous augmentez, sans le vouloir, le nombre de vos ennemis ? Vous ignorez donc que tel pays qui aurait demain le Rhin pour limites absolues, après demain produirait de solides raisons pour étendre sa puissance sur le Danube, et plus tard sur les rives de l'Euphrate même ! Voilà la fièvre dévorante qui a consumé les Macédoniens, les Romains, et qui nous consume nous-mêmes.

Ce n'est pourtant pas à dire que les bornes des états soient actuellement posées de manière qu'il ne fût pas avantageux, sous plus d'un rapport, dans la supposition d'une paix universelle, de les faire avancer ou reculer : c'est là une question de politique générale qui sera abordée en son lieu.

Mais, dans le principe, prétendre qu'un peuple n'est heureux et libre qu'autant que son territoire présente d'étendue, c'est l'idée la plus étroite et aussi la plus déplorable que jamais un écrivain politique ait pu mettre en avant.

S'il faut mettre au rang des jouissances de l'homme social l'amour de la patrie, où donc le lien fraternel est-il plus serré, plus solide, que dans les petites républiques ? Au contraire, où rencontra-t-on jamais moins d'union parmi les citoyens que dans

une vaste monarchie composée d'éléments si hétéro-
gènes?... Que l'on ne nous oppose pas ici la république romaine ou l'empire, car ce ne serait certainement pas un exemple concluant. En effet, où était
l'état, la république? à Rome seulement; où nom-
mait-on les consuls et plus tard les empereurs? à
Rome. Or, les citoyens des points les plus opposés
du territoire romain étaient aussi étrangers les uns
par rapport aux autres, et prenaient aussi peu de
part aux affaires du pays que, du temps de Napoléon, les citoyens de Gènes et d'Amsterdam. La
France actuelle, il le faut dire, est plus forte, plus
redoutable qu'au temps où la Seine, le Tibre et le
Zuyderzée coulaient sous les mêmes lois.

Un fait bien constaté, c'est qu'un empire colossal
tombe au moindre choc, et que le jour de sa chute
n'est jamais plus voisin que quand il pense être par-
venu au faîte de la grandeur. Les Romains laissè-
rent, dira-t-on, des amis dans les Gaules, et même
jusques chez les Germains : c'est bien possible; mais
il ne faut pas en tirer la conséquence que les peuples
qu'ils avaient mis plus de quatre siècles à dompter,
fussent parfaitement identifiés avec les vainqueurs,
car alors comment expliquer les rapides succès des
Barbares!

A la fausse idée que nous attachons communément
à la gloire, à la prétendue félicité qui accompagne
l'extension territoriale, il faut encore mettre au rang
des erreurs populaires l'admiration vraiment pué-
rile que l'on accorde à l'histoire des combats, des
siéges, enfin de tout ce qui afflige l'humanité.

En lisant les anciens, nous nous inclinons volon-

tiers devant les noms de Sésostris, de Cyrus, d'A-
lexandre, d'Annibal, de Pompée, de César et de
Trajan ; tout ainsi qu'en lisant l'histoire des peuples
modernes, le cœur bat fortement au récit des exploits de Clovis, de Charlemagne, de Louis XIV,
de Napoléon (1).

Mais nous ignorons entièrement les noms des bien-
faiteurs du genre humain !

Il n'est pas un seul écolier qui ne connaisse le
vainqueur d'Arbelles, mais nul d'entre eux ne sait
cependant celui du mortel, incomparablement plus
célèbre, auquel nous devons la découverte de la vac-
cine (2). Eh bien ! nous le demandons de bonne foi
aux hommes dont le nom de gloire fait si fortement
vibrer les cœurs, de tant de grandeur et d'éclat que
reste-t-il donc à la fin ? Rien, sinon quelques monuments périssables, un peu de poussière et moins que
cela peut-être ! Qui pourrait dire actuellement où repose la glorieuse dépouille mortelle d'Alexandre-
le-Grand ! où sont les cendres de César ? Les vents

(1) Nous eussions bien voulu pouvoir passer sous silence le nom du
grand homme que nous avons vu de nos yeux, et dont les cendres ne
sont pas encore refroidies aujourd'hui ; mais Il occupa une si belle place
parmi les guerriers célèbres qu'il eût été injuste de n'en pas parler. Du
reste, que l'on se rappelle bien que, dans notre système, nous considé-
rons Napoléon comme ayant rempli une grande mission : celle d'éclairer
les peuples sur leurs intérêts réels par la guerre même, et d'avoir ainsi
terminé la liste des conquérants. Haine à la guerre; mais respect aux
héros qui mirent à exécution les desseins secrets de la Providence.

(2) Cette découverte est certainement la plus considérable des temps
modernes. Toutefois est-ce à dire que les anciens ne connaissaient point
le moyen d'étendre ou plutôt d'accroître leurs populations ? Nous l'ignorons. Mais l'histoire ne dit pas que les Egyptiens fussent frappés de l'af-
freux fléau qui a disparu, dans nos climats, depuis l'adoption de la vac-
cine comme préservatif.

ont emporté, dispersé jusqu'au moindre atome
de ces précieux restes, comme ils disperseront un
jour la poussière que leur abandonneront aussi les
grandeurs de notre époque.

Mais la renommée!... Ah! certainement elle sur-
vit au corps; cependant la renommée elle-même finit
par s'évanouir et disparaître : ainsi la gloire des
héros s'achemine avec plus ou moins de vitesse vers
le néant.

Comme nous l'avons vu précédemment, les peuples eux-mêmes n'ont pas un meilleur destin que
les conquérants, quand la sagesse ne préside point
à leurs délibérations : l'histoire, il est vrai, nous
représente d'abord les Assyriens comme ayant une
longue existence, quoique troublée cependant par
des révolutions sans nombre ; mais leurs anciennes
victoires ne les empêchent pas d'être subjugués
par Cyrus, roi d'une petite contrée de la Perse;
ceux-ci, à leur tour, par les Macédoniens, ces derniers par les Romains, et ceux-ci par des peuples
barbares qui eux-mêmes ne fondent que des états
dont la durée est éphémère.

Parlerons-nous de cette Grèce tant vantée par la
valeur et le patriotisme de ses habitants? Elle ne
subit pas le joug des Perses; mais, après les fameuses journées de Marathon et de Salamine, la passion
pour la gloire s'empare des citoyens, et, durant vingt
années entières, la Grèce, si paisible avant l'invasion
de Darius, est comme en proie à la plus fougueuse
démence : faute d'ennemis étrangers, elle cherche
des ennemis parmi ses propres compatriotes. Lacé-
démoniens, Athéniens, Thébains s'égorgent mutuel-

lement , et , pour illustrer tant de désordres , l'histoire enregistre fastueusement sur ses tablettes les victoires de Coronée, de Leuctres , et de Mantinée.

Et cependant, ces Grecs si belliqueux deviennent le jouet de Philippe , roi de Macédoine, de son fils Alexandre, puis les sujets du peuple romain , et plus tard , les esclaves du stupide Musulman : tels furent, pour eux, les résultats de la guerre dégénérée en passion.

Et ce qui est arrivé aux peuples de l'antiquité arrivera infailliblement à tout état moderne qui marchera dans les mêmes voies.

Deuxième Partie.

— ⚬ —

Quelques hommes égarés par leurs passions n'ont
pas craint d'insinuer, dans des écrits faits, soi-disant,
pour éclairer la multitude, que le christianisme ne
présentait en somme qu'un esprit de secte ou de
parti, plus propre à faire rétrograder la civilisation
qu'à développer l'intelligence ou les facultés morales
de l'homme : cette idée est aussi fausse, en elle-même,
qu'elle est déplorable dans ses conséquences.

En effet, Jésus-Christ, envoyé sur la terre par
Dieu, son père, pour travailler au rachat du genre
humain, ne pouvait moraliser, dogmatiser avec les
vues rétrécies d'un homme ou d'un chef de secte : il
vient pour tous, et sa parole s'adresse à tous, et s'il
fait un devoir de l'obéissance, de la soumission envers quiconque est dépositaire du pouvoir, en même

temps il dit au maître en lui présentant l'esclave : *Homme, voilà ton frère !...*

Une telle maxime, une morale aussi hardie qui plaçait le malheureux esclave au niveau du maître, produit soudain un grand retentissement au milieu de la société païenne, et ces seules paroles : *Homme voilà ton frère*, furent l'irrévocable arrêt de mort du culte de Jupiter ou des fausses divinités, et, par suite, la réprobation de toute idée de guerre.

Au même moment, la société cessa, pour ainsi dire, de former les deux ignominieuses subdivisions qui avaient existé jusqu'alors : *celle des maîtres, celle des esclaves.* Or, cette foi nouvelle que quelques personnes s'attachent avec acharnement à considérer comme favorable à la servitude, parce qu'elle fait un devoir de la soumission aux puissances, est cependant de toutes les religions celle qui a le plus fait en faveur de l'égalité politique, prise dans son vrai sens, et il n'en pouvait être autrement.

Les anciens peuples avaient fait de la guerre une divinité terrible qu'ils adoraient, et dont les autels étaient constamment chargés d'offrandes. Et cette idée d'un dieu des combats était la même partout, quoique représentée, selon les pays, sous un symbole différent.

En effet, soit que les Grecs ou les Romains adorent Mars et Minerve, soit que les Gaulois révèrent Teutatès, toujours est-il qu'au fond c'est l'odieux principe de la guerre à qui l'on sacrifiait, et par cela même l'on est porté à croire que les anciens peuples le reconnaissaient comme essentiellement bon, comme formant la base de leurs sociétés ; et, ainsi que nous l'avons démontré, cette idée n'était pas sans quelque fondement solide.

C'est donc vainement que les Romains reconnaissent la paix pour fille de Jupiter ; ses temples délaissés, ses autels sans victimes, disent assez combien, chez les païens, la passion pour les combats était dominante.

Et quelle était la solution de la guerre dans ces temps de barbarie ou de fausse civilisation ? Le triomphe insolent ou brutal du fort sur le faible, et, comme on l'a déjà fait remarquer ailleurs, l'asservissement ou la mort des vaincus. Quelle cruelle alternative pour les populations paisibles !....

Oh ! combien un tel état de choses dut contribuer à donner à l'homme ce caractère farouche qui, en général, est le propre des peuples de l'antiquité et principalement des Spartiates, des Romains, des Carthaginois !

L'histoire rapporte même que l'on vit au milieu d'Athènes, ville qui l'emportait sur toutes celles de la Grèce par l'urbanité de ses mœurs, Thémistocle et Aristide faire sacrifier à Minerve, la veille de la bataille de Salamine, deux jeunes Grecs et deux Gaulois pour obtenir la victoire.

Comme on le voit, les dieux du paganisme étaient non seulement altérés du sang des bêtes, mais encore de celui des hommes (1).

____

(1) Et que l'on ne di-e pas que cette abominable superstition n'exista que dans les premiers temps. Les lois romaines défendaient, sans doute, d'offrir de semblables holocaustes aux dieux ; mais l'on frémirait s'il était possible de pénétrer dans le sanctuaire de la vie privée vers les derniers temps même de la république. Le maître n'étant point tenu de rendre compte de la vie ou de la mort de ses esclaves, il n'est que trop cer-

Les prêtres des Germains et les Druides immolaient aussi des prisonniers de guerre à leurs divinités : toutefois, ils étaient barbares; mais les Grecs, mais les Romains, qui se piquaient de civilisation, comment admettre qu'ils aient pu se livrer à de telles cruautés, si dignes d'un peuple de Cannibales! C'est vraiment incroyable et trop réel pourtant : l'histoire ne se tait qu'à demi sur ce sujet.

Il faut se rappeler, et nous avons déjà émis cette idée, que lors de l'enfance des sociétés, la guerre fut indispensable, nécessaire même; que, par elle, les états, les empires se formèrent, et que le premier soin des peuples fut de bâtir des temples au nom du principe même par lequel les nations avaient pris naissance. De là, l'habitude ou l'amour des combats ; de là, la domination et l'oppression; de là, enfin, la mort ou l'esclavage comme but final de toute guerre (1).

uelle différen ce donc, sous ce seul rapport, entre la société ancienne et la société nouvelle! Mais aussi c'est que, nulle part assurément dans l'Évangile, la guerre, l'extermination des peuples n'est présentée comme le principe vital des états; au contraire, Jésus-Christ n'apparaît jamais au milieu de ses disciples sans leur recommander la concorde.

« La paix soit avec vous, leur disait-il. » Et sans le lien de la confraternité, que fût devenue la foi

tain que bon nombre de malheureux prisonniers de guerre furent immolés par les chefs de famille pour satisfaire aux mânes de quelque mort, ou pour obtenir l'heureux succès de quelque entreprise !.... O humanité ! ...

(1) Comment, au surplus, lorsque Minerve elle-même avait bâti les murs d'Athènes, les citoyens de cette ville auraient-ils eu les combats en horreur ?... alors, ils eussent démenti leur propre origine.

nouvelle dès les premiers pas? Comment, sans proscrire le principe de la guerre, aurait-on pu établir cet esprit de concorde qui est la base du christianisme? Cette œuvre, il faut bien le reconnaître, le fils de Dieu seul pouvait l'accomplir.

Cependant cette mission toute divine n'est pas encore terminée; mais chaque jour pourtant amène de nouveaux progrès vers cette idée de réparation qui a pour objet l'anéantissement de la guerre.

Oui, sans doute, il est permis de le dire aujourd'hui, malgré les obstacles qu'a rencontrés et que rencontre encore la morale de l'Évangile, le jour où les hommes abjureront l'esprit de discorde et se reconnaîtront pour frères n'est peut-être pas éloigné de nous.

Déjà, depuis long-temps, le sauvage Moscovite a pris sa place parmi les nations civilisées, et même ces descendants des Scythes ont dépassé, dans la carrière de la civilisation, beaucoup de peuples qui les y avaient précédés.

Le Musulman même vient d'introduire d'importantes modifications dans son système de sociabilité; déjà le chrétien ne lui est plus en horreur, et, contre son antique usage, il a maintenant pitié des vaincus sur les champs de bataille, et dans sa dernière querelle avec les Russes, il a respecté le courage malheureux en faisant, pour la première fois peut-être, des prisonniers de guerre qu'il a traités avec humanité. Le Turc marche donc rapidement aussi, lui, vers la véritable civilisation, et peu de temps s'écoulera, n'en doutons point, avant qu'il figure dignement au banquet des peuples.

Mais deux nations d'Europe, surtout, la France et l'Angleterre, malgré leurs apparentes divisions, marchent en tête de la civilisation universelle par leurs nobles et courageux efforts pour abolir l'odieux commerce des esclaves sur la côte d'Afrique ; la lutte dure depuis plusieurs années, il est vrai ; elle sera longue encore ; mais, à la fin, ces deux peuples triompheront, et un jour l'humanité leur devra la radiation du mot d'esclave du dictionnaire des nations de l'Europe et de l'Amérique.

Moins bruyantes, plus lentes, plus patientes, l'Autriche, la Prusse, les nombreuses populations de la Confédération Germanique, toute l'ancienne Germanie enfin, travaillent aussi au bonheur commun en perfectionnant leurs institutions de manière à préserver les peuples d'Allemagne de troubles civils qui compromettraient le repos et le bonheur du monde.

En Amérique, se trouvent, soit au nord, soit au sud, des peuples qui suivent le mouvement progressif de ceux de la vieille Europe, et finiront par trouver le point de stabilité qui leur a manqué jusqu'à ce jour.

Les régions méridionales de l'Asie présentent le spectacle le plus grandiose de la prospérité commerciale qu'il ait été donné à l'homme de remarquer depuis le commencement du monde. Là où naguère se voyaient de malheureux villages occupés par de pauvres familles de pêcheurs indiens, se trouvent aujourd'hui des villes immenses habitées par les divers peuples de la grande union chrétienne ! Dans nos ports de l'Europe, flottent et s'unissent sur une

forêt de mâts les éclatantes bannières des nations
les plus opposées par leurs mœurs, par leurs habitudes et le point du globe qu'elles habitent.

Or, à qui donc la société nouvelle est-elle redevable de tant d'éléments de bonheur, sinon à la puissance éminemment civilisatrice du christianisme?
Ainsi, dans presque toutes les régions du globe, le
principe vivifiant de la paix l'emporte sur le principe de la mort ou de l'abrutissement des peuples,
qui est celui de la guerre. Oui, soyons-en bien convaincus, deux hommes fameux, Louis XIV et Napoléon, ont eu pour mission de clore la liste des
grands guerriers, en inspirant au monde l'horreur
des combats par la victoire même : ce qui semble un
paradoxe au premier abord ; mais cette proposition
renferme cependant une idée juste, quand on l'examine avec quelque attention.

Nous ne mettons cependant point Napoléon au
nombre des conquérants, à proprement parler ; car,
à l'époque où il apparut, les nations de l'Europe
étaient organisées ; mille combats qui avaient eu
lieu depuis la grande invasion des Barbares jusqu'au
règne de Louis XIV, avaient constitué les empires
tels qu'ils étaient à la fin du XIIIᵉ siècle. Or, nous re-
gardons Louis-le-Grand comme ayant rendu impossible aux plus habiles capitaines, qui viendraient après
lui, toute conquête solide et durable en Europe ; c'est
aussi lui qui semble avoir posé les bornes de la civilisation. En effet, depuis son règne, on ne pourrait
pas dire que l'équilibre européen ait subi de bien
grandes modifications (1).

(1) Il est vrai, cependant, que le royaume de Pologne a disparu depuis

A Dieu ne plaise que nous ayions la pensée de calomnier le grand homme à qui la France fut redevable du retour de l'ordre et des lois, cet homme étonnant qui eut assez d'empire sur les esprits indomptés de son époque pour faire rouvrir les temples de Dieu.

Oui, nous acceptons Napoléon avec toutes ses actions, toutes les conséquences de son règne; nous acceptons Napoléon comme celui des mortels que, de toute éternité, Dieu avait désigné pour travailler à l'œuvre de la pacification générale, ainsi que nous l'avons déjà dit, *par la guerre même.*

Heureusement pour l'humanité, ce n'est point ici un brillant paradoxe que nous mettons en avant pour faire admettre nos vues particulières; c'est la vérité dans toute sa pureté, dans tout son éclat que nous allons·mettre en évidence.

Comme on l'a dù remarquer, il n'y avait aux

Louis XIV; mais, divisé entre plusieurs puissances, l'on ne pourrait dire que ce partage ait sensiblement dérangé l'équilibre politique qui existait à la fin du siècle dernier.

Quoi qu'il en soit, nous ne regarderons jamais comme une conquête réelle une soumission passagère, car la conquête demande du temps et même beaucoup pour se consolider, pour s'affermir, c'est-à-dire qu'il faut nécessairement que les peuples conquis s'identifient de mœurs et d'usages avec la nation conquérante: ce qui, certes, n'est pas l'affaire de quelques instants. Pour nous autres Français, par exemple : l'Artois, la Flandre, la Franche-Comté, l'Alsace, le Roussillon, sont maintenant de véritables conquêtes, et les habitants de ces contrées ne le cèdent point assurément en patriotisme à ceux de Paris.

Les entreprises d'Alexandre-le-Grand ne peuvent certainement passer pour des conquêtes, puisque les peuples qu'il soumit en courant, eurent à peine le temps de savoir quel était leur nouveau dominateur.

Encore un coup, c'est le temps, plus encore que les armes, qui fait les véritables conquêtes.

XVIIIe et XIXe siècles aucune chance de conquêtes solides en Europe, parce que le partage entre les peuples était, en quelque sorte, fixé d'une manière désormais irrévocable ; or cette répartition du sol, entre les diverses nations, étant détruite du moment où l'une ou l'autre, ayant à sa tête un guerrier, un ambitieux, viendrait à rentrer dans la carrière des conquêtes, il est évident que, par esprit de conservation ou de paix, ce qui est la même chose, les puissances subjuguées feraient, tôt ou tard, de grands efforts pour rentrer dans la jouissance de leurs droits, ou enfin reconquérir leur propre liberté : choses dont nous avons été témoins dans ces derniers temps.

Et cet instinct de liberté, de nationalité, d'où vient-il? sinon des principes même du christianisme qui se sont infiltrés, pour ainsi dire, peu-à-peu, dans les sociétés, et ont, sans qu'on l'ait même remarqué, hâté la solution du grand problème de la *paix universelle*.

Et ce qui vient singulièrement corroborer nos idées sur cette importante matière, c'est l'état de désordre, c'est l'état de guerres perpétuelles où sont plongés, de nos jours, les peuples chez lesquels les lumières du christianisme n'ont point pénétré, ou qui en ont été repoussés par un inconcevable aveuglement.

En effet, voyez toute l'Asie, toute l'Afrique, ces immenses parties du globe qui, prises ensemble, sont au moins cinq fois plus étendues que l'Europe, ces régions si célèbres dans l'antiquité, et par le nombre de leurs villes et la population immense qu'elles renfermaient, et par le rôle important que ces mêmes contrées remplirent sur la scène politique ; eh bien ! sauf quelques exceptions peu notables, tous les habitants de l'Asie et de l'Afrique professent le culte du mahométisme ou bien sont idolâtres.

Qu'on nous dise si, sur de telles bases, un seul gouvernement, ayant des lois justes et équitables, a jamais pu s'établir d'une manière solide (1), depuis la chute des sociétés antiques ?

Seraient-ce les Turcs (encore ceux-ci sont à demi européens)? mais la barbarie, mais la cupidité de leurs gouvernants jointes aux fréquents changements d'empereurs, ont fait jusqu'à présent de ce beau pays un séjour horrible pour l'homme. Disons encore que là subsiste l'esclavage, le hideux esclavage tel qu'il existait chez les Romains : il est même consacré et protégé par le koran (2) !

Seraient-ce les Persans ? mais nul pays au monde, depuis plus de douze siècles, n'a été aussi terriblement sillonné par les révolutions : divisés en mille factions différentes qui se font une guerre acharnée et constante, c'est à peine si les malheureux Persans ont le temps de connaître les maîtres nouveaux

(1) A la vérité, l'on pourrait ici nous opposer les peuples de la Chine ; mais ils s'obstinent à faire comme une famille à part, tout-à-fait en dehors de la civilisation européenne ; ils se sont condamnés à un isolement absolu qu'il n'est donné peut-être qu'à eux seuls de supporter.

(2) Il est à propos de faire remarquer ici que la doctrine de Mahomet est la plus anti-sociale que l'on puisse imaginer. En effet, quand les sentiments religieux d'un peuple le portent à haïr, à traiter en ennemis, mettre à mort même tous les hommes qui ne professent point le même culte, l'on conçoit alors que les nations qui adoptent de tels principes soient dans un isolement complet par rapport aux autres ; voilà pourquoi les habitants de Lima ou de Mexico, malgré l'immensité des mers qui nous sépare d'eux, sont cependant plus nos voisins que ceux de Constantinople, qui pourtant sont à nos portes.

que le hasard vient d'improviser, tant le pouvoir est éphémère dans ces climats désolés où le voyageur ne peut volontiers marcher que sur les traces du sang des hommes !

Seraient-ce les Arabes ? mais ce peuple, essentiellement vagabond, n'a pu, jusqu'à ce jour, parvenir à former un corps de nation. L'Arabe est devenu féroce même depuis qu'il professe la foi de Mahomet ; enfin, ennemi juré des arts et de la vie des cités, ces peuples nomades ne laissent que peu de chances de rapprochement vers la chrétienté, du moins dans un temps prochain.

Parlerons-nous maintenant des autres populations de l'Asie, comme les Tartares, les Mongols, les habitants du Thibet et tous ceux de l'Indostan ?

Mais ces derniers ou sont idolâtres, ou n'ont aucune espèce de croyance : la plupart même sont encore plus ennemis de la paix et de la civilisation que les Arabes.

Si maintenant, du sein de l'Asie, nous passons en Afrique, le tableau que nous présentent l'abrutissement et la misère de l'homme est encore, peut-être, plus frappant : suite nécessaire du manque d'unité dans les principes de sociabilité de ces peuples.

Au nord, existent encore ces puissances Barbaresques, la honte comme le fléau du genre humain ; au centre, et sur les côtes que baigne l'Atlantique, la mer des Indes et la mer Rouge, vivent d'immenses peuplades de nègres sans aucun lien de famille, peuplades qui se font une guerre acharnée, et immolent ou vendent à d'infâmes spéculateurs européens ou américains, les prisonniers qu'ils se font réciproquement. Tel est l'état actuel de l'Afrique. Nous ne dirons rien du territoire de l'antique Égypte qui, partie intégrante de l'empire Ottoman, est régi par les mêmes principes que la métropole, et ne présente aujourd'hui qu'une nation d'esclaves qui exploitent le noble domaine des Sésostris et des Néchao au bénéfice d'un pacha.

Maintenant, il est facile de comparer la somme de bonheur de l'Europe où règne presque partout l'esprit du christianisme, et par conséquent la tendance visible à la *paix universelle*, avec l'état de guerre sans fin, sans issue où sont tombés les infidèles ou les idolâtres qui peuplent et l'Asie et l'Afrique.

Non, l'Europe ne veut plus de combats, nous en sommes convaincus par tout ce dont nous avons été témoins dans ces dernières années. Que si quelque nation insensée, poussée par le vieil esprit d'invasion, tentait aujourd'hui de marcher dans la voie des conquètes, le fléau de la guerre, soyons-en sûrs, ne serait que passager, et les peuples, forts de leur bon droit, marchant contre l'ennemi commun, rétabliraient la paix du monde instantanément troublée.

Non, un système de batailles gigantesques tel que celui que nous avons vu sous l'empire de Napoléon n'est plus possible de nos jours.

Le ciel nous préserve à jamais de chercher à flétrir les lauriers des braves ; mais nous les supplions de vouloir bien nous permettre de faire ici quelques réflexions touchant les résultats des grandes victoires auxquelles ils ont pris une part si honorable.

L'Autriche et la Russie sont vaincues à Austerlitz;
là, deux empereurs sont humiliés, confondus ; mais
comment donc se fait-il que, l'année suivante, le
petit royaume de Prusse ose, lui seul, défier l'empereur Napoléon dans les champs d'Iéna ? Les Prus-
siens sont écrasés, il est vrai, et l'on va croire, sans
doute, que les Français, après tant de succès, vont
demeurer les paisibles dominateurs du monde : la
fortune en décide autrement; et quelques mois sont
à peine écoulés que le canon tonne de nouveau contre les Russes qui sont foudroyés successivement
dans les fameuses journées d'Eylau et de Fried-
land.

Mais, disait-on alors, ce sont là du moins les dernières batailles, et nos héros pourront désormais
compter leurs victoires à l'abri des lauriers qu'ils
ont moissonnés !... Non ; il faut encore que des milliers de vétérans qu'avait épargnés la mitraille tombent dans les plaines de Wagram où ils sont cependant victorieux.

Point de repos, rien de décisif, et cinq grandes
victoires en bataille rangée, gagnées par les troupes
françaises, ne sont pas pour le colosse du Nord un
exemple assez frappant de la supériorité de Napoléon :
une nouvelle victoire nous attend à la Moskowa ; la
ville sainte de Moscou ouvre ses portes aux vainqueurs, ou plutôt ils la trouvent déserte, et incendiée
par les vaincus. .. Bientôt, forcées d'abandonner ces
ruines fumantes, les superbes colonnes de nos braves, qui étaient entrées si fièrement dans l'antique
capitale des czars , périssent deux mois après, sous
des neiges épaisses qui les recouvrent comme d'un

vaste linceul. Que de souffrances, que d'angoisses dans cette fatale retraite !....

Avançons toujours, suivons l'histoire ; c'est elle qui nous conduit.

Vainement, l'année suivante, la victoire nous est fidèle dans les champs de Lutzen ; bientôt elle est suivie du désastre de Leipsick et de l'invasion du territoire de la France qui s'étonne et frémit d'être foulé par les cosaques du Don, par les Baskirs, etc. Enfin, soit trahison, soit fatalité, ce que nous n'entreprendrons point d'approfondir, Paris leur ouvre ses portes, et le grand empire n'est plus !... Voilà, non le langage des passions, mais l'exacte vérité.

Sans nul doute, il y eut de grandes et belles moissons de gloire dans les fameuses journées que nous venons de citer ; mais ce que nous devons dire, c'est qu'il y coula des torrents de sang, c'est que les eaux du Danube, du Niémen, de la Moskowa, de l'Elster, de l'Elbe, etc., en furent maintes fois rougies, et roulèrent jusqu'à leur embouchure des milliers de cadavres mutilés, témoins non équivoques de la démence des hommes.

Mais nous acceptons, disons-nous, tous ces faits, quelque déplorables qu'ils soient, parce qu'ils portent en eux-mêmes un caractère providentiel qu'il est impossible de méconnaître, parce qu'ils se sont accomplis indépendamment de la volonté des hommes qui, dans ces occasions, ne sont que les instruments passifs dont Dieu fait usage pour instruire ou châtier les peuples.

Effectivement, admettons qu'aux yeux de la Providence, les nations de l'Europe eussent mérité le châtiment que la France leur a infligé, celle-ci, à son tour, a dû se convaincre que ses plus belles victoires n'ont eu d'autre résultat que l'extermination de plusieurs millions d'hommes et la ruine de l'industrie.

Mais, grâces au ciel, la douce philosophie du christianisme a fait de grands progrès dans ces derniers temps, et au milieu de ces signes visibles de rapprochement, entre les diverses nations du globe, il n'est presque plus permis de douter de la réalisation de la grande idée de l'abbé de Saint-Pierre. Nous avons tremblé en commençant cet ouvrage, mais en poursuivant la carrière, nous avons été tellement frappés des heureux et nombreux symptômes d'union et de confraternité universelles, que ce qui a pu paraître douteux, au premier abord, a fini par jeter une vive lueur d'espérance.

Cependant, il reste encore beaucoup à faire dans tous les pays, pour combler les vœux de l'humanité; nous exposerons, tout à l'heure, les moyens que nous croyons les plus propres à presser l'œuvre de la *Paix universelle*, et consolider enfin un si noble travail. Toutefois, avant de passer à l'exposé et au développement de ces moyens, qu'il nous soit permis de dire encore quelques mots sur les progrès frappants de l'esprit du christianisme à l'époque même où nous écrivons.

Depuis la chute du colossal empire de Napoléon, l'on ne saurait dire, à proprement parler, que les peuples de l'Europe se soient trouvés en état de

guerre ouverte. Il y a eu des refroidissements, quelquefois alarmants même, entre les cabinets; des
rumeurs violentes ont éclaté au sein de ces villes
populeuses de la France, qui renferment des nuées
de nécessiteux ou de turbulents; mais enfin le
fléau de la guerre n'est point revenu dans nos
climats.

Mais deux événements d'une haute importance,
le débarquement des Français en Morée (ancien
Péloponèse), et la prise d'Alger, viennent appuyer si
fortement nos idées, sous le rapport de l'influence
toujours croissante de l'esprit du christianisme,
qu'il nous est impossible de n'en pas faire mention.

Les Français, abordant en Morée, portent un coup
vraiment mortel à la domination de l'islamisme en
Europe; des milliers de catholiques grecs sont sous-
traits au cimeterre du musulman; un royaume nouveau est constitué, et au milieu des ruines de l'antique et célèbre ville d'Athènes, jadis le séjour des
dieux du paganisme, s'élève la croix du Christ sur
les débris des temples magnifiques que les infidèles
avaient convertis en mosquées : c'est là, certes, un
progrès bien marqué qu'a fait le christianisme sur
la foi de Mahomet.

Cette conquête semble en attirer une autre. En
1830, les Français portent aussi leurs armes sur la
plage africaine; Alger, ce repaire d'audacieux bri-
gands si long-temps le fléau de toute la chrétienté,
Alger, où moururent tant de milliers de nos frères,
est pris et occupé par notre armée victorieuse!.....
Bientôt les mosquées tombent, ou sont converties en
temples où l'on adore le Dieu des chrétiens; peu à

peu, les Français étendent leur domination dans le pays, et menacent du sort d'Alger tous les autres états Barbaresques.

Comme le temps marche !... avec quelle indifférence nous voyons s'accomplir les plus grands événements ! Alger, qui avait jusqu'alors insolemment bravé toutes les puissances maritimes du monde, tombe cependant, parce que les temps sont accomplis pour ce peuple couvert d'iniquités ; et maintenant réside un évêque sur cette plage, naguère inhospitalière, qu'avait autrefois illustrée un saint Augustin !......

Ce n'est point, comme on le voit, par les produits du sol que nous envisageons l'importante conquête d'Alger, mais bien dans ce qu'elle peut avoir de favorable dans ses résultats pour la civilisation et le bonheur des peuples du nord de l'Afrique. La guerre est aujourd'hui dans ces contrées, jadis si célèbres par ses démêlés entre les Romains et Jugurtha, roi de Numidie ; mais cette guerre est légitime dans son principe même, comme dans son but : il est vrai cependant que les combats qui s'y livrent, ont beaucoup moins de retentissement que ceux d'Austerlitz, de Wagram, de la Moskowa ; mais, que l'on ne s'y trompe point, ils auront par leurs résultats une immense portée, puisque cette guerre renferme en elle-même une pensée profonde : celle du triomphe de la civilisation sur la barbarie, et que ce triomphe n'est autre que celui de l'esprit du christianisme.

Troisième Partie.

———•———

DES MOYENS D'OBTENIR LE BIENFAIT D'UNE PAIX
UNIVERSELLE ET PERPÉTUELLE.

C'est ici, certainement, la partie neuve, la partie difficultueuse de notre ouvrage : on a fait tant et de si belles phrases sur les horreurs de la guerre, et sur les douceurs de la paix, qu'en vérité ce que nous avons dit précédemment, à l'exception de quelques pensées qui sont peut-être un peu hardies, pourrait, jusqu'à un certain point, rentrer dans le domaine de l'amplification.

Cependant, pour arriver à la conclusion, il fallait nécessairement entrer dans quelques détails minutieux :

— Sur l'origine de la guerre, et son caractère, selon les temps et selon les causes qui ont produit ce fléau ;

— Sur ce que la guerre présente de légitime ou

d'injuste, en raison des cas où se trouvent les peuples belligérants ;

— Sur les déplorables conséquences de la guerre pour les vainqueurs, comme pour les vaincus ;

— Sur les entraves qu'elle apporte dans la civilisation des peuples ;

— Enfin, sur ce qu'elle présente de contradictoire avec l'esprit de l'évangile, qui fait de la paix, de la concorde, une obligation expresse pour tous les hommes.

Il nous a fallu, quoique avec regret, citer des exemples récents des ravages qu'ont produit chez nous l'esprit de conquêtes, et cet amour immodéré de la gloire, qui grandit sur les champs de bataille, et finit par devenir un besoin.

Il nous fallait saper, miner cette déplorable idée de bonheur et de félicité que l'on attache trop communément à l'agrandissement successif du territoire d'une nation.

Nous avons dit, enfin, de bien dures vérités sur le compte des conquérants, non pas, certes, dans le but de ravaler l'espèce humaine à ses propres yeux, mais seulement pour développer toute notre pensée sur cet intéressant sujet, et avancer, s'il se peut, l'époque où tous les peuples composeront une vaste fédération en faveur de la Paix.

Et, quant aux moyens d'amener cet heureux résultat, qu'appellent de tous leurs vœux les amis de l'humanité, nous en comptons quatre principaux, savoir :

1° Convocation d'un congrès général des peuples, dans lequel on fixerait :

— Les limites définitives des états ;

— Les forces militaires à maintenir sur le pied de paix générale ;

— Les règles d'après lesquelles seraient jugés les différends qui surviendraient inopinément parmi les nations ;

— Les mesures de sûreté et de prospérité intérieures des empires.

2° Propagation, sur une large base, de l'étude des langues étrangères; réforme radicale de l'instruction publique, de manière à appliquer les sciences aux choses utiles, et par là réhabiliter l'artisan honnête et laborieux dans la société, d'où nos mœurs semblent l'avoir banni.

3° Extension considérable de la navigation commerciale, et par conséquent établissement des rapports nombreux et immédiats entre tous les peuples du globe;

4° Sacrifice, à la réalisation de ces choses, d'une partie des fonds résultant de la réduction considérable des forces militaires (1).

Mais, pour être bien compris, ces moyens demandent quelques développements; c'est à quoi nous allons nous livrer d'une manière aussi succincte que possible, afin d'éviter l'ennui qui doit infailliblement naître d'une matière aussi aride que celle que nous allons traiter, et qui nécessitera même, dans un grand nombre de cas, l'emprunt du secours des chiffres.

(1) Ce quatrième moyen étant implicitement contenu dans les développements des deux précédents , ne sera point traité à part.

CONGRÈS GÉNÉRAL DES NATIONS.

Un fait que personne ne peut révoquer en doute, c'est que, parmi les peuples comme entre les individus, les motifs des querelles naissent presque toujours des prétentions à la possession de quelque propriété voisine ou litigieuse ; mais beaucoup plus heureux que les peuples, les particuliers ont, avant d'entrer en procès, la faculté de faire examiner leurs différends, ou par des arbitres, ou par des tribunaux de paix, tandis que les nations, au premier bruit de leurs intérêts froissés, sont toujours prêtes à courir aux armes, et à s'entre égorger, sans même avoir pris le temps d'approfondir la valeur du grief qu'il s'agit de venger.

Or, il arrive, dans ces sortes de rencontres, que de faible qu'il était d'abord, le mal devient imminent, et qu'un seul coup de canon tiré sans intention, ou par événement fortuit, suffira, dans telle disposition d'humeur, pour embrâser l'Europe, l'univers entier même !... A quoi servent donc les lumières de la civilisation, si nous ne sommes pas plus sages que les barbares ?

Mais comment réunir ce congrès des nations ? quels peuples feraient partie de cette grande assemblée ?

Nous avons déjà dit qu'il existe maintenant, entre les peuples, des symptômes visibles de rapprochement, de concorde ; et cela peut être aisément démontré. N'a-t-on pas vu tout récemment, des différends de la nature la plus grave se terminer par l'entremise d'une tierce-puissance (1)? N'est-ce pas là un glorieux triomphe pour la civilisation? Une telle manière de procéder, presque inconnue de nos aïeux, est un pas immense vers la solution du problème de la PAIX UNIVERSELLE ET PERMANENTE : il ne s'agit maintenant que de mettre à profit, de féconder le germe de cette disposition particulière des esprits.

Or, qu'une nation puissante, la France, par exemple, prenne l'initiative dans cette grave question d'où doit dépendre le repos et le bonheur du monde ! Glorieuse de la valeur de ses enfants, justement fière des lauriers immortels qu'elle a cueillis dans tous les temps et sur tous les points du globe, depuis Clovis jusqu'à nos jours, que la France, disons-nous, poursuive maintenant un autre genre de gloire en pacifiant l'univers !.... Oui, que la France parle, et les nations écouteront sa voix.

Aussitôt l'on verra accourir, au sein de l'assemblée générale, les Anglais, les Belges et les Hollandais, les Moscovites, les Suédois et les Danois, les Allemands, les Italiens, les Grecs, les Espagnols, toute l'Europe enfin, sans en exclure même les Ottomans, maintenant en voie de civilisation.

Après eux viendraient les Américains du nord, non moins intéressés au repos du monde que les nations de l'Europe ; puis enfin les Américains du sud, dont les institutions chancelantes les priveraient encore, d'ici à longtemps, des avantages qui se rattachent à la stabilité des empires.

Quant aux nombreuses populations de l'Asie et de

(1) Notamment la difficulté survenue entre l'Angleterre et le royaume de Naples : difficulté qui fut aplanie par la France.

l'Afrique, pourquoi faut-il donc que l'état rétrograde de leur civilisation, suite nécessaire de l'absence des lumières de l'Évangile dans ces régions du monde, ne permette point de les voir entrer dans le pacte fédératif dont nous provoquons l'accomplissement?...

Ainsi, quant à présent, l'Europe, l'Amérique, formeraient à elles seules la grande union.

Actuellement, serait-il question, dans cette assemblée, de faire un nouveau partage du monde? Assurément non, car ce serait un moyen efficace pour susciter de nouvelles et terribles querelles entre les peuples : ce qui est diamétralement opposé à nos vues et au but que nous voulons atteindre.

On prendrait donc les choses dans leur état actuel, et l'on regarderait, en principe, comme inviolable et sacré, le domaine de chacune des nations au moment même de leur réunion (1).

Ainsi, nous n'examinerons point s'il conviendrait de créer un nouveau royaume de Pologne et un nouveau royaume d'Italie; peut-être serait-ce une chose convenable pourtant. Nous n'examinerons pas davantage s'il ne serait point à propos d'en former un aussi de la plupart des états de la Confédération Germanique; car ce serait volontiers tout remettre en question. L'on ignore cependant si, du sein de cette

(1) Ce n'est pourtant pas à dire que, par suite d'accommodements et de compensations réciproques, telle nation ne dût faire à telle autre, dans l'intérêt du repos du monde, l'abandon de quelques fragments de territoire, un bras de mer, de fleuve, etc. ; mais niveler les possessions générales des nations serait, à coup sûr, le projet d'un insensé. Ce que l'homme possède une fois, il y tient fortement ; il en est ainsi des peuples ; nul ne consent volontiers à être dépouillé au profit de son voisin.

auguste assemblée, ne s'éleverait point quelque voix éloquente capable de faire sortir ces peuples de l'état de soumission dans lequel ils se trouvent maintenant par rapport à des nations qu'ils regardent comme étrangères, et dont ils dépendent pourtant (1).

Or, sauf quelques points litigieux que l'on traiterait en commun, les empires conserveraient leurs limites, leurs proportions actuelles; mais on arrêterait, dans ce congrès, ce qui est beaucoup plus important sans doute :

1° Les forces militaires respectives qui seraient maintenues sur pied pour faire face à des agressions inopinées, mais dont le chiffre serait calculé de manière à n'inspirer aucune crainte, sous le rapport de l'esprit de conquête;

2° Les règles d'après lesquelles seraient débattus et jugés les différends qui pourraient survenir entre les peuples, ainsi que nous en avons émis l'idée;

3° Comment il serait généralement pourvu au maintien de l'ordre dans l'intérieur des empires, et quel serait l'emploi des économies provenant de la réduction des forces militaires.

Sur le premier point : la réduction des forces militaires, il est à peu près certain que les nations s'entendraient bientôt, car toutes sont préoccupées d'une lutte générale plus ou moins prochaine, sans

---

(1) Ceci ne s'applique, à proprement parler, qu'à la Pologne et à l'Italie qui, jadis, furent des états indépendants. Mais cette question est tout-à-fait secondaire, et ne se rattache point intimement au repos du monde.

qu'aucune ait cependant l'envie de donner le signal
des combats ; toutes aussi redoutent l'accroissement
du fardeau des impôts qu'une guerre de quelque durée viendrait bientôt redoubler.

Ainsi, nous supposons les forces militaires de
l'Europe établies sur le pied ci-après, dans l'hypothèse d'une paix générale :

France.	150,000 hommes.
Angleterre.	80,000
Russie.	200,000
Pays - Bas. . . . , .	50,000
Suède, Norwége, Danemarck	80,000
Confédération Germanique.	150,000
Autriche.	150,000
Prusse.	70,000
Espagne.	80,000
Turquie.	150,000
Grèce..	40,000
	1,200,000 hommes.

En ce qui concerne les puissances maritimes,
nous supposons aussi leurs forces en navires de
guerre ramenées aux proportions suivantes :

France. { vaisseaux. . 15 / frégates. . . 15 / corvettes. . 10 }

Angleterre. { vaisseaux. . 15 / frégates. . . 15 / corvettes. . 10 } Tant armés qu'en disponibilité ou sur les chantiers.

Russie. { vaisseaux. . 10 / frégates. . . 5 / corvettes. . 10 }

Ceci suppose, en outre, le nombre de bâtiments à vapeur ou de flotilles nécessaires pour le service des transports, etc.

Les forces étant ainsi limitées, il est probable que toute nation serait matériellement dans l'impuissance d'entreprendre ni conquêtes, ni invasions, tandis qu'il lui resterait cependant encore assez de moyens pour repousser une agression subite, ou en contenir les efforts assez longtemps pour que la diète fédérative des peuples pût intervenir, et prêter main-forte à l'opprimé contre l'oppresseur, absolument comme cela se pratique aujourd'hui à l'égard des cantons suisses, les uns par rapport aux autres, ou bien encore envers la Confédération Germanique, merveilleusement organisée pour le maintien de la paix et de la liberté.

Qui composerait cette diète générale des peuples? Les souverains des états faisant partie de la ligue pacifique, assistant à ses conférences ou en personne ou par des fondés de pouvoir désignés par eux (1).

Une fois ramenées au chiffre que l'on vient de déterminer, les forces militaires ne pourraient recevoir d'accroissement que d'après l'assentiment de la diète générale.

Maintenant comment pourvoirait-on à la sûreté intérieure des empires, en France, par exemple?

D'après notre système, les forces militaires de terre seraient employées sur les frontières. Tous les bâtiments de guerre armés seraient uniquement af-

(1) Faudrait-il, pour prendre une résolution, attendre l'arrivée des puissances d'outre-mer? Leurs ambassadeurs ordinaires pourraient, dans les cas particuliers, représenter le souverain.

fectés à la protection de la navigation commerciale,
comme on le verra plus tard.

Mais, au lieu d'avoir des soldats de toute arme en
grand nombre au milieu et autour des cités de l'intérieur, pourquoi ne créerait-on pas des brigades
de sûreté en raison du chiffre de la population ou
du caractère de leurs habitants? Ces brigades, ca-
sernées dans les quartiers les plus populeux, faisant
un service actif de surveillance de jour et de nuit
en sillonnant les rues et les places des cités dans tous
les sens, comme le font à Paris les gardes de la mu-
nicipalité, suffiraient pour maintenir partout l'ordre
le plus parfait.

Peut-être le séjour des soldats de l'armée active
est-il dangereux au sein des villes, sous le rapport
des mœurs libres et même licencieuses des camps;
et quoique le soldat sorte des rangs des citoyens, il
n'en est pas moins considéré comme une classe tout-
à-fait à part au milieu de la société à laquelle il appartient pourtant : ses mœurs, ses lois, ses devoirs,
son costume, tout en fait une être exceptionnel pendant le temps qu'il est sous les armes ; encore un
coup, quoique soumis à une discipline exacte, ses
allures sont trop libres, généralement du moins,
pour que, vivant parmi les citoyens, les mœurs
de ceux-ci ne tardent pas à se modeler sur celles
du soldat.

Peut-être aussi que le citoyen est gêné dans sa
liberté par la présence d'un corps de troupe. Il y
a encore quelque danger pour la sécurité publique
à cause des rixes inévitables qui ont lieu entre les
hommes d'armes, ou enfin par la possibilité de voir

séduire chaque jour les militaires par de fougueux démagogues. Sans doute, l'armée française est habituellement fidèle au pays (honneur lui soit rendu, sous ce rapport, comme sous celui de la bravoure); mais on frémit pourtant à la seule idée de voir, au milieu d'une ville populeuse, un ou plusieurs régiments, se dévouant aux intérêts d'une faction, entraîner les citoyens sur leurs pas!

Cette crainte assurément est moindre dans les places de guerre, où, généralement parlant, la population citoyenne est peu considérable, souvent même inférieure à celle des militaires; enfin, plus ordinairement occupé des exercices et du service proprement dit dans une place forte que dans une ville de l'intérieur, le contact du soldat avec le bourgeois devient presque insensible.

Après avoir formé les brigades de sûreté publique sur les bases que nous venons de déterminer, il y aurait lieu de composer une bonne *garde civique* dans laquelle on n'admettrait que des hommes vigoureux, alertes, de l'âge de vingt à quarante ans, et jamais au-dessus; encore voudrions-nous que l'honneur de servir dans la garde civique fût ardemment recherché des citoyens, ce qui pourrait se faire en attachant des avantages, des immunités à cette création, comme, par exemple, exemption d'impôts, obtention d'emplois publics dans l'ordre civil, etc., etc.

La *garde civique* formerait deux bans ou classes : les *célibataires* et les *hommes mariés*.

Les premiers seraient fréquemment exercés aux manœuvres de l'arme à laquelle ils appartiendraient.

Armés et habillés aux frais de l'état, ils seraient tenus de partir, au premier ordre, pour concourir avec l'armée régulière à la défense du territoire, s'il était entamé. Mais, avec le pacte général fédératif, tel que nous l'avons défini, ce cas serait assez rare, et la tâche extraordinaire des hommes du premier ban de la *garde civique* se bornerait à rétablir la paix et l'ordre instantanément troublés dans quelques parties de l'empire (1). Nul ne serait forcément contraint d'entrer dans la *garde civique ;* mais comme la moralité de l'institution serait telle qu'il y aurait quelque honte, pour les hommes capables de rendre de bons services, de n'en point faire partie, on doit en conclure que ce corps de volontaires serait assez nombreux pour assurer, dans tous les temps, le repos et la tranquillité publique : service qui ne serait, du reste, exigé des citoyens que dans les cas extraordinaires où les brigades de sûreté et l'armée active ne suffiraient pas.

———

RÉFORME RADICALE DE L'INSTRUCTION PUBLIQUE.

PROPAGATION DE L'ÉTUDE DES LANGUES VIVANTES.

C'est un point plus essentiel qu'on ne pense, peut-être, pour l'établissement d'une *paix générale et perpétuelle*, que la culture des langues étrangères.

(1) On voit qu'il y a loin de cette organisation de garde civique à celle de notre garde nationale.

La pratique a démontré que la loi qui fixe l'organisation de la garde nationale de France ne vaut presque rien ; en effet, il est maintes communes où la générale battue pour apaiser une sédition, c'est à peine si

Par la pratique des langues vivantes, nous nous identifions, pour ainsi dire, avec les mœurs des peuples qui parlent ces langues, nous brûlons du désir de lier commerce avec eux, de connaître leurs savants littérateurs; enfin, ils deviennent nos proches, nos amis même, et cela parce que nous savons avec quel sons ils rendent leurs idées, et que nous pouvons les comprendre.

Voyez Alexandre! il marche contre Thèbes, il a résoln le sac de cette ville! Mais il se rappelle que Pindare əst né dans ses murs, et la maison du poète Pindare est respectée (1).

Et les Romains, quand ils firent la conquête de la Grèce, traitèrent-ils ses habitants comme ceux de la Germanie ou des Gaules? Non, les Romains étaient déjà instruits dans les lettres grecques; ils ne firent point les Athéniens esclaves; enfin, l'on pardonna aux vaincus en faveur des sciences et des arts qu'ils cultivaient avec tant de succès.

quelques gardes nationaux se sont présentés pour prêter main-forte à l'autorité.

Un vice radical de cette loi, c'est d'exiger la même aptitude, la même vigueur des vieillards de soixante ans que des jeunes gens de dix-huit à vingt ans!... Il le faut dire, c'est aux hommes âgés, dont les facultés physiques se prêtent fort peu à la prestesse des mouvements militaires, que l'on doit l'espèce de dérision qui accompagne ou qu'excite le seul mot de garde nationale. Sans doute le principe peut être bon en lui-même, mais la loi actuelle a besoin d'être considérablement modifiée, si l'on ne voulait pas entrer dans notre système de *garde civique*, où ne seraient admis que des hommes de bonne volonté, en raison des avantages dont jouiraient les citoyens qui y seraient incorporés.

(1) On dira que cet exemple n'est peut-être pas concluant, par la raison que les Macédoniens parlaient grec, et même pouvaient passer pour Grecs; soit, mais ceci prouve qu'Alexandre entendait la langue des poètes, et que les savants des divers pays s'entendent et s'estiment mutuellement : ce qui n'arrive pas toujours entre les guerriers.

Mais nous-mêmes, n'avons-nous pas vu des officiers russes (de cette nation que nous regardions
comme barbare) porter dans leur bagage militaire un
Boileau ou un Racine, absolument comme le fils de
Philippe de Macédoine portait les œuvres d'Homère,
s'affliger à la seule pensée qu'ils foulaient, en ennemis, le sol qui avait vu naître ces grands hommes ?

———

Pour être réputé capable de bien servir l'état, que
l'on cesse donc d'exiger des connaissances dans les
langues mortes, parce qu'il n'y a plus aujourd'hui ni
Grecs ni Romains au monde ; que cette étude ne soit
suivie que dans les séminaires et dans chaque chef-
lieu de division académique seulement ; mais que
dans les colléges communaux ou d'arrondissement (1)
l'on rende obligatoire, pour tous les élèves, l'étude
des principales langues étrangères.

Dans les départements voisins des rives de l'O-
céan, l'anglais ; dans tous ceux du sud, l'italien ; au
centre, dans les régions du nord et à l'est, l'allemand.

Telles sont les trois langues principales qu'il importe de généraliser, dans le but de faciliter l'union
des peuples.

Avec la connaissance de l'anglais, l'on embrasse
la Grande-Bretagne, toute l'Amérique septentrio-
nale, le cap de Bonne-Espérance, la Nouvelle-Hol-
lande, les côtes du Malabar et du Coromandel ; —

———

(1) Ceci suppose la conservation des colléges d'arrondissement à peu
près comme ils existent maintenant, mais sans l'enseignement des langues mortes.

enfin, l'on se fait entendre à Bombay, tout aussi bien qu'à Londres ou à Philadelphie.

Au moyen de l'italien, l'on se ferait comprendre dans tout le bassin de la Méditerranée, en Espagne, dans l'Amérique méridionale, au Brésil. C'est du moins le même idiôme que ces différents peuples parlent ; et dès lors, l'on conçoit tout l'avantage qui doit résulter de l'étude de l'italien dans tous les départements du sud qui font un commerce considérable avec le Levant, ou fournissent des marins, soit à l'état, soit aux négociants

La langue allemande nous initie avec toute la Confédération Germanique, l'Autriche, la Prusse, la Hollande, la Belgique, la Russie même, le dialecte de ces peuples offrant, en quelque sorte, la même origine.

Oui, l'influence des langues es timmense dans la question de la paix, tant il est vrai que souvent nous avons de sottes préventions contre les hommes, par la seule raison que nous n'entendons point leur lan - gage !

Une plaie, une lèpre qui nous dévore en France, et dont les progrès sont rapides, depuis quelques années surtout, c'est l'esprit remuant des classes ouvrières, suite nécessaire de l'état d'avilissement dans lequel elles sont tombées. Et que l'on ne dise pas que cette question est étrangère à celle qui nous occupe maintenant ; au contraire, elle s'y rattache de la manière la plus directe, la plus intime : méprisée de tous ceux qui prétendent avoir reçu une éducation brillante, la classe ouvrière, en général, forme une société à part, mais turbulente, mais dangereuse, parce que les artisans ont pour eux l'intelligence, la vigueur physique, et que leur nombre est immense dans toutes les grandes cités. L'artisan est, de plus, devenu ambitieux par la révélation de ses forces et de sa misère même : état de choses inévitable dans l'absence de toute idée religieuse ou d'une éducation convenable. Aussi bien les ennemis du repos public, les ennemis de l'ordre ne s'y trompent pas : ils nourrissent, ils exploitent les passions de cette classe abrutie par la débauche encore plus que par la misère, et ils en font ainsi, dans tous les temps, les instruments aveugles de leurs coupables projets (1).

Effectivement, ne sont-ce pas des ouvriers égarés, mutinés qui, dans ces derniers temps, ont ensanglanté, à diverses reprises, les villes de Lyon et de Paris? Ne sont-ils pas, malheureusement, l'objet de craintes perpétuelles? A la moralité des ouvriers se rattache donc la grande question de la paix ou de la guerre, puisque, sans soldats, il serait impossible de les contenir dans les bornes du devoir. Et pourtant, comme on l'a vu, nous n'admettons pas d'après notre système de police et de sûreté intérieure la présence des hommes de guerre dans les villes, à moins qu'elles ne soient frontières.

(1) Cependant, il faut convenir que, depuis quelque temps, les artisans ont infiniment de respect pour l'*éducation* : beaucoup de ces braves gens se torturent, s'épuisent afin de placer leurs enfants dans quelque coin de collége d'où ils sortent avec une extrême suffisance et une grande aversion pour le travail : nul de ces petits Cicérons ne veut embrasser la profession de son père, et de là vient nécessairement la rareté des bons ouvriers; or, comme ces messieurs rougiraient d'être charpentiers, menuisiers, forgerons, etc., il est tout naturel que ceux-ci cherchent à doubler le prix de la main-d'œuvre. Ce n'est point le travail qui manque aujourd'hui à l'ouvrier, mais c'est l'ouvrier qui manque au travail.

Que manque-t-il donc à l'ouvrier? ce n'est point du travail, mais bien une bonne éducation ; et cette éducation consiste-t elle pour lui dans l'étude des hautes sciences ? Nullement ; elle réside tout entière dans la connaissance des devoirs de l'homme que nous faisons volontiers consister, pour l'artisan, dans ces deux mots : *amour de Dieu, haine à la paresse et à l'ivrognerie !*

C'est donc d'instruction religieuse que le malheureux ouvrier a besoin surtout pour régler sa conduite; mais pourtant il rejette aujourd'hui avec dégoût cet aliment salutaire !...

Nous le disons dans toute la sincérité de notre âme, il y a beaucoup de peines ici-bas pour le pauvre artisan; mais, du moins, il trouvait autrefois, dans l'exercice de la religion de ses pères, une consolation que ne peut lui donner la philosophie moderne ; imbu de la morale de l'Évangile, l'ouvrier supportait patiemment ses misères en pensant qu'elles ne dureraient pas toujours, et qu'une vie meilleure l'attendait en quittant celle-ci, et sous le rapport de l'ambition, il n'avait que celle d'exceller dans l'art qu'il professait, et de faire de ses enfants non des aspirants aux grands emplois de l'état, mais des ouvriers comme lui ; dès lors il ne convoitait ni les biens, ni les grandeurs, et il vivait heureux.

Assurément, la condition de l'artisan sans foi, sans morale, est la plus désespérante qu'il soit donné à l'homme d'imaginer : l'ignorance de l'ouvrier est donc une plaie que tous les gouvernements, en général, doivent s'attacher à cicatriser, car il y va de leur avenir. Si nous voulons la fin, il faut aussi vouloir les moyens ; or, point de paix durable si le gouffre des révolutions n'est fermé, c'est-à-dire, aussi longtemps que la classe ouvrière des cités populeuses sera abandonnée à la merci des agitateurs, des ambitieux.

On parle cependant beaucoup de récompenses, d'encouragements ; mais qui donc est l'objet de ces faveurs, sinon quelques grands manufacturiers ou de riches propriétaires?... Voilà la classe d'hommes qui reçoit les félicitations, les honneurs, les distinctions ; mais rien, absolument rien pour l'artisan obscur !

Si nous avions quelque pouvoir dans un gouvernement, nous essaierions, du moins, de relever, de rehausser l'ouvrier à ses propres yeux, en instituant des jurys qui, chaque année, en assemblée publique, proclameraient ceux des ouvriers qui se seraient particulièrement distingués dans leur profession, soit en créant de nouveaux procédés de fabrication, soit en apportant de notables perfectionnements dans ceux en usage.

Hé quoi ! lorsque nous voyons couronner avec fracas, en présence de toutes les autorités du lieu, et par la main même du premier magistrat, une foule d'écoliers qui n'ont d'autre mérite que d'avoir fait quelques thèmes insignifiants, n'est-ce pas un déni de justice, pour ainsi dire, dans nos institutions, que de n'accorder aucune récompense honorifique à celui qui s'occupe de choses éminemment utiles? Que l'on ne s'y méprenne point, le mérite de construire les bâtiments, de dompter les métaux, en leur donnant telle forme, tel contour que réclame le projet de l'ouvrier ; en un mot, l'art de transformer les matières brutes ou les produits de la nature de manière à les approprier aux besoins de la vie, à procurer ces jouissances qui sont la conquête et le triomphe de l'homme civilisé; ces talents, disons-nous, sont mille fois préférables à nos yeux que celui qui ne consisterait qu'à faire une belle amplification sur leur utilité ! On se passerait aisément de rhéteurs, de philosophes même, mais d'artisans, jamais !....

Ce moyen, nous en sommes convaincus, serait infaillible pour réhabiliter l'honnête et pauvre artisan que la société a, jusqu'ici, accablé d'un profond mépris; l'on verrait bientôt les fils des ouvriers renoncer à courir après ce vain savoir, qui n'a été, jusqu'ici, qu'une source de déceptions amères, pour se livrer entièrement aux professions mécaniques qu'ils ne rougiraient plus d'exercer, puisque cette carrière pourrait les conduire plus sûrement à d'honorables distinctions parmi leurs concitoyens : ils trouveraient là aussi ce repos, cette tranquillité d'âme sans lesquels il n'est point de bonheur pour l'homme mortel. Mais tant qu'une ambition effrénée régnera parmi les classes ouvrières, tant que leur mérite restera sans encouragement, le malaise tourmentera les nations.

Si les voyageurs qui ont visité quelques parties de l'empire de la Chine, ne nous trompent point, les Chinois seraient beaucoup plus avancés que nous autres Européens en pareille matière. On rapporte donc que, chaque année, un conseil examine avec soin l'état des sciences et des arts, et que ceux qui n'ont point fait de progrès, ou sont demeurés simplement stationnaires, sont vigoureusement admonestés par le magistrat; enfin, l'on prétend même qu'il y a des punitions infligées, dans certains cas, à cette occasion. Nous ne sommes point aussi sévères : nous voulons seulement que l'on décerne des récompenses, ou que l'on donne simplement des éloges en public à ceux qui s'en seraient rendus dignes.

Un autre point qui touche d'aussi près la paix publique, dans un pays où l'éducation constitutionnelle des masses inférieures de la société est loin d'être arrivée à sa perfection, c'est l'influence du journalisme : toutefois, nous ne voulons pas parler ici du bon journal, mais bien de ces écrits périodiques élaborés dans l'antre infect où séjournent les mauvaises passions ; ces écrits, œuvres dégoûtantes des médiocrités ou des demi-savants que vomissent nos collèges; ces productions infâmes qui font l'apologie du crime et de l'impiété, sont cependant méditées, applaudies par cette masse d'hommes sans intelligence, qui s'imaginent qu'une idée est toujours bonne pourvu qu'elle soit placée dans les colonnes d'un journal!... Il y a là du mal pour un pays, et beaucoup même!... En effet, est-il une action louable, une institution de bienfaisance qui ne soit critiquée, tournée en dérision ? Non, assurément, et c'est au point que l'homme sage n'ose plus paraître ce qu'il est, dans la crainte, bien fondée d'ailleurs, d'être l'objet des sarcasmes des méchants! Tout ceci, soyons-en pénétrés, vient du vice de l'instruction publique (¹), vice qui dure depuis une lon-

(1) Il semble que c'est plutôt la faute des lois ; mais nous démontre-

gue suite d'années : il est donc de toute nécessité
d'apporter un remède à cet état de choses.

Mais, dira-t-on, la liberté de la presse, n'est-ce
pas un culte en France aujourd'hui? La liberté de
la presse! et qui donc parle de lui porter la moindre
atteinte? A Dieu ne plaise, assurément, que nous
ayions cette pensée.... au contraire, c'est par cette
liberté même que nous voudrions, sinon guérir la
société du mal rongeur qui la tourmente, mais du
moins en atténuer les résultats.

Or, il est bien reconnu qu'un petit nombre
d'écrivains turbulents, par conséquent sans principes, sans esprit de suite, sans système d'aucune
sorte, travaillent activement à démolir le peu qui
nous reste encore de notre ancien édifice social. Les
hommes de bien auront-ils donc le courage d'assister,
les bras croisés, à la destruction des remparts antiques, derrière lesquels ils se sont réfugiés à l'approche
des Vandales nouveaux?... Serions-nous donc condamnés à voir se réaliser cette idée, émise par quelques personnes découragées : « *Que les gens de*
« *bien font le malheur d'un pays par le manque de*
« *cœur et de résolution?* » Qu'ils osent donc sortir
de leur coupable apathie, qu'ils forment seulement
une ligue défensive contre les démolisseurs, et le
succès ne sera pas long-temps incertain entre les
deux partis.

Deux moyens bien simples en eux mêmes, et par
conséquent très praticables, se présentent.

rons tout-à-l'heure que l'on peut attribuer le mal à la mauvaise éducation
que reçoivent les masses.

1° Fonder, par souscription, des moniteurs de départements ;

2° Créer, dans chaque arrondissement, une société de littérature morale et religieuse.

Par la première de ces institutions, l'on corrigerait aisément les écarts de la mauvaise presse. Les collaborateurs, capables et désintéressés, ne manqueraient pas aux moniteurs de départements, ou bien il faudrait désespérer du bon sens des citoyens et de l'avenir de la France, si, sur une population moyenne de 380,000 âmes, dont se compose chaque département, l'on ne trouvait pas de ressources suffisantes pour accomplir cette œuvre toute de paix et de prospérité.

Variés dans leur rédaction, ces moniteurs, répandus dans toutes les communes, deviendraient le code, l'évangile politique et moral du peuple, en même temps qu'ils contiendraient d'utiles enseignements sur la littérature, les arts libéraux, l'industrie, etc. Ainsi tomberait de lui-même le mauvais journal qui désole le pays par la perturbation qu'il jette au milieu des habitants de toutes les classes.

Par la seconde institution, celle de la création, dans chaque arrondissement, d'une société de littérature morale et religieuse, l'on obtiendrait aussi, nous n'en doutons point, d'excellents résultats sous le rapport de la tranquillité intérieure du pays.

Cette société, par exemple, mettrait, chaque année, au concours des questions se rattachant à la morale proprement dite, soit par rapport aux individus, soit par rapport aux gouvernements eux-mêmes (1). Dans ces sortes de luttes, qui rappelleraient volontiers les jeux olympiques de la Grèce, les vainqueurs seraient proclamés avec toute la pompe possible, afin d'éveiller les esprits, et de tirer ainsi parti de la vanité ou de l'ambition de ces hommes qui ont la manie d'écrire pour se faire admirer : il serait beau, disons-nous, d'exploiter la vanité de notre époque au profit de l'ordre et de la morale : cette institution fermerait l'arène dégoûtante de la polémique de personnalités ; les hommes qui ont reçu en partage quelque étincelle de génie se livreraient à des occupations utiles pour eux, parce que leur temps serait mieux employé ; utiles pour leurs concitoyens, au moins par le désir de bien faire.

Nous nous sommes un peu étendus sur ce sujet, mais il est important, mais il mériterait d'être profondément médité par tous les hommes auxquels le talent et l'habitude d'écrire font un devoir impérieux d'instruire les nations. Sans le concours des écrivains demeurés fidèles aux principes de la morale chrétienne, l'œuvre de la paix perpétuelle serait frappée de stérilité.

Tirer les ouvriers de l'état abject où ils sont aujourd'hui ; occuper les oisifs lettrés par des compositions dignes d'être lues et approuvées des gens de bien sont, selon nous, de trop puissants éléments de sécurité propres à assurer le salut et la prospérité des empires, pour que nous n'ayions pas volontiers consacré quelques pages au développement de notre

(1) Il est aisé de voir que la morale des gouvernements n'est autre chose que cette science que l'on appelle politique.

système de réforme sociale. Méfions-nous bien des classes turbulentes, qui se composent habituellement d'ouvriers sans travail, ou stipendiés par des factieux qui exploitent leur crédulité; de ces hommes, qui n'ayant reçu qu'une éducation imparfaite, ne trouvent que mécomptes dans la société, et conspirent naturellement pour sa ruine; enfin, des vagabonds et des gens sans aveu, prêts à servir tel ou tel parti, selon le chiffre du salaire qui leur est offert !.... Chaque jour nous apprend que nos appréhensions ne sont que trop justement fondées (1).

Maintenant, nous allons hasarder quelques idées sur les modifications que, d'après notre système, devrait subir, en France, l'instruction publique. Nous disons en France, parce que nous supposons toujours notre pays marchant à la tête de la civilisation, et provoquant lui-même toutes les réformes utiles au genre humain.

Cependant, malgré le culte que nous professons pour notre patrie, qu'il nous soit permis de dire, qu'à l'exception de l'Espagne, peut-être, il n'est pas de pays où l'instruction publique (ou celle du peuple) soit dans un pire état qu'en France, par rapport aux autres nations de l'Europe (2) : vérité

(1) La grande émeute de Toulouse vient encore de révéler combien l'ouvrier ignorant est à craindre lorsqu'il est poussé par quelques-uns de ces ambitieux dont l'éducation a été manquée, ou qui, étant pauvres, ne peuvent trouver de bonheur que dans la ruine de la société.

(2) Ceci surprend ; mais il n'en est pas moins certain qu'en Suède, en Prusse, dans toute la Confédération Germanique et en Angleterre, le peuple est généralement plus instruit ou mieux instruit qu'il ne l'est en France. Cependant, reconnaissons qu'il y a progrès chez nous, mais aussi qu'il reste beaucoup à faire pour l'instruction des classes inférieures.

qu'attestent tous les états de la statistique du recrutement, où, sur une levée moyenne annuelle de 70 mille jeunes soldats, il n'est pas rare d'en rencontrer encore un quart et même davantage ne sachant absolument ni lire ni écrire (1).

Par le mot *peuple,* nous ne voulons certainement pas parler des riches, qui, soit qu'ils résident à la ville, soit qu'ils aient élu domicile à la campagne, trouvent aisément le moyen de faire instruire leurs enfants, comme ils l'entendent; mais les enfants des artisans qui vivent au sein des villes, mais ceux des malheureux laboureurs, ou des pauvres journaliers de nos villages, quelle instruction reçoivent-ils?.... et pourtant, nous professons le dogme de l'égalité. . les Français sont admissibles à tous les emplois!... Mais comment seront-ils aptes à occuper ces emplois, si le système d'instruction publique est tel que, malgré leurs heureuses dispositions, malgré la bonne volonté qui les anime, ils doivent rester dans

(1) On dira que la facilité avec laquelle on se fait remplacer, n'amène dans les rangs de notre armée que des hommes appartenant à la classe inférieure de la société : ce qui du reste est vrai. Mais une preuve matérielle que nous sommes en arrière des peuples de la Suède, de la Prusse, et de plusieurs états de la Confédération Germanique, c'est que, dans leurs régiments d'infanterie, par exemple, nul n'est admis dans le grade de sous-officier, s'il ne sait lire et écrire correctement, et de plus, s'il ne connaît les premiers éléments du calcul. Pour passer au grade d'officier, l'on exige, outre les connaissances assez approfondies sur la géographie et sur l'histoire, la pratique d'une langue étrangère (c'est d'ordinaire la langue française).

Nous pensons que, chez nous, les exigences en savoir, pour occuper un grade dans les armes non savantes, ne vont pas encore jusque-là : ce qui atteste notre infériorité, sinon en bravoure, car sur ce point nul peuple ne nous surpasse, mais en savoir ; et c'est un état fâcheux dont il faut sortir.

l'ignorance des choses qu'il faut savoir pour bien servir le pays ? Voilà, certes, une inégalité inconcevable parmi les hommes d'une même nation, et qui doit enfin préoccuper le législateur. Que le riche jouisse en paix des dons de la fortune, rien de plus légal dans l'ordre des choses sur lequel repose la société; nous supplions même le pauvre de ne pas voir d'un œil jaloux les plaisirs de l'homme opulent.

Mais les dons de la nature, mais l'intelligence, voilà ce qu'un sage gouvernement doit s'appliquer à féconder d'une manière équitable, car c'est le hasard qui donne les richesses, mais c'est Dieu qui accorde l'intelligence aux pauvres comme aux riches; et les gouvernants manqueraient à leurs devoirs, s'ils faisaient de la science un monopole, un moyen d'influence sociale tout en faveur des classes supérieures, c'est-à-dire des hommes déjà puissants par leurs emplois ou par leur fortune.

On demandera peut-être : s'il faudra élever, pêle-mêle, les fils des pauvres avec les fils des princes ou des grands de l'état. Cette question insidieuse pourrait nous embarrasser si, moins forts de notre conscience et de la pureté de nos intentions, nous nous laissions entraîner au plaisir de faire des phrases sur l'égalité : heureusement nous connaissons la valeur de ce mot; nous savons ce qu'il offre de réel ou de chimérique, de possible ou d'impossible dans son application à notre système de réforme touchant l'instruction publique.

Non, il ne s'agit pas de faire suivre forcément aux fils des malheureux artisans un cours de hautes sciences comme on le ferait, par exemple, au collége de Charlemagne ou de Louis-le-Grand, car la proposition serait ridicule.

Ce que nous voudrions (et ceci est dans l'ordre des choses très-possibles), c'est que, dans la plus humble paroisse, il y eût un instituteur capable de donner aux jeunes gens des notions assez étendues sur toutes les sciences ou les connaissances qui se rattachent directement au bonheur et à la félicité de l'homme, de manière à ne pas laisser dans un trop grand état d'infériorité, sous le rapport des lumières, le pauvre vis-à-vis du riche.

Ce système de préceptorat suppose, par-dessus tout, de la religion à un degré éminent, qualités qui, bien qu'assez rares, pourraient néanmoins se rencontrer (1).

Il est à propos de faire remarquer que nous admettons la liberté d'enseignement sur la plus large base possible, de sorte qu'il n'y aurait, à proprement parler, à la charge du trésor, que l'instruction des classes pauvres ou peu aisées. Enfin, notre système suppose :

1° La suppression des petits colléges actuels d'arrondissement, et la création d'un corps d'instituteurs communaux qui, étant bien soldés, offriraient toutes les garanties désirables sous le rapport du savoir et de la moralité (2).

(1) La moyenne du traitement des instituteurs ne devrait pas être au-dessous de 1,200 fr., d'après notre système.

(2) Il est évident que de semblables professeurs ou instituteurs remplaceraient facilement le corps enseignant des colléges actuels dans les communes ou arrondissements.

2° L'enseignement supérieur transféré au chef-lieu de la division académique ou universitaire. Dans cet établissement, le fils du modeste et obscur artisan serait reçu et traité à l'égal de celui de l'homme opulent; celui-ci en payant rétribution, bien entendu; l'autre, comme pensionnaire de l'État (1).

Un tel système d'instruction publique est, sans doute, bien différent de celui que l'on suit maintenant chez nous et dans toute l'Europe même, et c'est aussi pourquoi nous sommes entrés dans quelques explications de détail pour développer le fond de notre pensée.

(1) Pour être saisie, cette idée a besoin de quelque développement afin de la dégager du sens absurde qui semble s'y attacher.

Nous n'entendons certainement pas que tous les jeunes gens, sans exception, qui sortiraient des mains des instituteurs communaux, dont nous venons de poser les bases d'organisation, seraient admis de droit à recevoir l'instruction supérieure au chef-lieu de la division académique; telle n'est point notre pensée; cela veut dire seulement que tous ceux des élèves qui, à l'époque de la tournée annuelle des inspecteurs de l'enseignement public auraient remporté les premiers prix dans un concours solennel, recevraient l'enseignement supérieur aux frais de la nation, qui, du moment où les jeunes élèves passeraient dans cette nouvelle position, leur garantirait, sauf progrès ultérieurs, un état, un avenir, en les plaçant, au sortir de cette école supérieure, dans un collège militaire ou administratif, selon les goûts, l'aptitude et la conformation physique des sujets.

En sortant de ces colléges, qui remplaceraient les écoles militaires actuelles, les uns seraient placés dans l'armée de terre ou dans l'armée de mer, les autres dans le génie civil; enfin, la troisième catégorie entrerait dans les administrations publiques.

Ainsi disparaîtrait l'inégalité réelle qui existe aujourd'hui, et forme en quelque sorte deux classes générales dans la société; l'une composée de savants susceptibles d'arriver aux premiers emplois de l'état; l'autre ne comptant dans ses rangs que des ignorants, c'est-à-dire, des ilotes destinés, toute leur vie, à obéir

Il est cependant vrai que, dans ce moment, il existe bien quelque

Nous voudrions aussi que la grande et importante mission du préceptorat communal fût confiée au clergé catholique, ou, si les répugnances du pays s'y opposaient, à un corps enseignant fortement constitué, et se composant de personnes vivant exclusivement dans le célibat; car quels soins peut donner à ses nombreux élèves celui que des devoirs des soucis, des chagrins domestiques viennent assaillir à tout moment?

Nous ne parlons pas, certes, de faire prononcer des vœux aux instituteurs d'arrondissement : pour atteindre notre but, nous ne chercherons pas à ressusciter ces corporations dont le nom seul semble effrayer encore aujourd'hui tant de gens de bien. Non; chacun serait libre de rester dans le corps enseignant ou d'en sortir selon ses vues, selon ses intérêts, ses penchants enfin.

L'on conçoit qu'un grand plan de réforme, touchant l'instruction publique, est comme le corollaire obligé d'un système d'organisation sociale, qui a pour objet d'assurer la paix par toute la terre.

Sans une bonne instruction pour le peuple, sans morale religieuse, les pauvres, les artisans qu'abrutit la misère, seront toujours, comme on l'a déjà dit,

acheminement vers l'état de choses que nous provoquons ; mais si les jeunes gens qui sortent de l'enseignement primaire actuel, et sont admis par concours à continuer leurs classes dans les colléges d'arrondissement, ont quelques connaissances en sortant des mains des professeurs, ils n'ont pas d'état assuré ; ils rentrent à la maison paternelle, mais ne suivent pas la profession de leur père, et deviennent, comme nous l'avons dit ailleurs, de véritables fléaux pour l'état, qui, cependant, a fait une partie de leur éducation : ainsi, d'après le système actuellement en vigueur, l'on fait *trop* ou *trop peu* pour les classes pauvres, sous le rapport de l'instruction.

remuants, inquiets, ambitieux, jaloux du prétendu
bonheur des classes supérieures ; partant ni repos,
ni sécurité possible dans aucun pays.

Rome, que nous avons citée tant de fois dans le
cours de cet écrit, donna au monde le spectacle hideux de ses divisions intestines, suite des querelles
sans cesse renaissantes entre les patriciens et les
plébéiens : ceux-ci voulurent écraser les premiers
pour s'emparer de leurs biens et gouverner la république : si les plébéiens ne réussirent pas entièrement dans leurs projets, toujours est-il que les discordes qu'ils enfantèrent, ébranlèrent la puissance de
Rome jusque dans ses fondements, et qu'à partir
de cette fatale époque la république marcha rapidement vers sa chute.

Soyons donc plus sages dans nos sociétés modernes, puisque nous avons les leçons du passé pour
exemple, et le précieux avantage d'exister sous les
lois du christianisme. N'abaissons, n'humilions aucune classe au milieu du peuple; que les chefs des
provinces, des départements, veuillent bien désormais travailler enfin à découvrir le mérite obscur
partout où il aime volontiers à se cacher; qu'ils
donnent la main au pauvre pour l'aider à s'élever,
lorsque ce pauvre aura reçu du Ciel l'intelligence
et le génie; alors, l'œuvre de la discorde sera détruite sur toute la terre, et rien désormais ne s'op-
posera au repos et à la félicité de l'homme.

Avec le repos au dedans, les peuples, instruits
sur leurs devoirs civils et moraux, perfectionneront,
une à une, toutes leurs institutions; ils n'auront plus
à craindre les piéges des agitateurs, et l'on verra

bientôt la science tenir le monde sous son sceptre : cette puissance là vaut bien assurément celle de la terreur et des combats.

ÉTENDRE LA NAVIGATION COMMERCIALE.

DÉVELOPPER L'INDUSTRIE DANS L'INTÉRIEUR DES ÉTATS.

Avant de parler de la marine commerciale et des grands travaux ayant pour objet de développer l'industrie dans l'intérieur des empires, disons un mot sur la marine militaire.

Et d'abord, nul plus que nous n'admire l'air imposant et majestueux de nos vaisseaux de guerre, citadelles flottantes et terribles dont les anciens peuples n'eurent pas même la moindre idée ; nous rendons encore hommage aux officiers, aussi instruits que braves, qui dirigent avec tant d'habileté ces énormes forteresses mobiles sur toutes les mers : oui, c'est là, sans contredit, une glorieuse conquête pour l'esprit humain, et que les temps modernes peuvent seuls revendiquer.

Mais ces vastes arsenaux, ces ports étonnants par leur aspect grandiose, ces établissements qui renferment tant de redoutables machines de guerre, ne sont-ils pas un obstacle à la paix ?

Nous n'hésitons pas à répondre affirmativement.

Comme un chevalier ne s'armait point de toutes pièces pour demeurer dans l'inaction ; de même un état qui augmente le nombre de ses vaisseaux de guerre n'est assurément pas dans l'intention de demeurer longtemps en paix avec les autres puissances maritimes ; c'est pourquoi nous avons limité, restreint ces formidables et dispendieuses machines de guerre au nombre strictement nécessaire, d'après notre système de paix universelle :

1° Pour assurer mutuellement la liberté et la sécurité des relations commerciales, c'est-à-dire protéger les armateurs contre les entreprises des pirates ou des forbans ;

2° Arriver à la répression complète de l'esclavage.

Ces grands combats d'escadres des siècles derniers, dont on aime encore à perpétuer le souvenir, sont cependant passés de mode aujourd'hui, absolument comme les batailles gigantesques sur le continent.

Deux puissances européennes doivent être regardées comme essentiellement puissances maritimes du premier ordre; savoir : la France, l'Angleterre, et cela, par la configuration même de leur territoire, et par le génie de leurs habitants.

Trop voisines pour s'aimer, pour ne pas se laisser entraîner à des jalousies réciproques, ces deux nations eussent, sans doute, renouvelé le spectacle que, dans l'antiquité, Rome et Carthage présentèrent à l'univers, si un équilibre politique n'eût existé en Europe, au temps même de leurs premiers démêlés, c'est-à-dire au XIVe siècle.

Presque nulle sous Henri IV, la marine militaire de France sort du néant à la voix du cardinal de Richelieu, puis atteint bientôt, sous Louis XIV, son plus haut degré de splendeur, et balance même celle de l'Angleterre !.. Alors, l'on prenait plaisir à voir se heurter, se détruire, ces admirables flottes, l'orgueil de deux puissances rivales, tout, ainsi que sur terre, l'on aimait à voir se charger vigoureusement de nombreux escadrons : on alla donc chercher de la gloire jusqu'au milieu des eaux de l'Océan... Tombée sous le règne de Louis XV, la marine militaire reprend un grand essor sous son successeur, et elle brave partout celle des Anglais. Mais les sacrifices énormes que fit notre pays pour atteindre cet état de supériorité ne contribuèrent pas peu à rendre le malaise financier insupportable, et enfin à presser la catastrophe de la Révolution : ce n'est point la guerre que nous livrons à l'ordre de choses né de cette catastrophe même, c'est simplement l'histoire que nous laissons parler.

Mais revenons sur nos pas. Si les dépenses que fit Louis XVI, dans cette circonstance, furent énormes, il faut dire que celles qu'avait faites Louis XIV le furent encore bien davantage. Il fallut alors fonder les grands établissements de Brest, de Toulon, de Rochefort, de Lorient ; sans les revers qui vinrent assaillir la fin du règne du grand roi, Cherbourg même, point sur lequel on avait jeté les yeux depuis la fatale issue du combat de la Hogue (en 1692), fût devenu, en peu d'années, un port digne de rivaliser avec ceux que l'on vient de citer. Il fallut, en outre, construire de nombreux vaisseaux, créer des équipages, etc., toutes dépenses que l'on peut évaluer dans l'espace de cent quatre-vingts années environ, comme ci-après :

Sous Louis XIV.

Construction des ports. .	260,000,000 fr.
Construction de la flotte. .	350,000,000
Entretien des équipages et des troupes de la marine. .	1,000,000,000 (1).

Sous Louis XV.

Entretien du matériel naval.	150,000,000
Id. des équipages, etc.	200,000,000

Sous Louis XVI (2).

Reconstruction de la flotte.	200,000,000
Entretien des équipages et troupes de la marine. . .	200,000,000

Période de la République.

Construction et entretien du matériel.	200,000,000
Entretien des équipages et des troupes de terre. . . .	300,000,000

Période de l'Empire.

Construction des ports d'Anvers et de Cherbourg. .	150,000,000
A reporter. . . .	3,010,000,000 fr.

(1) On suppose ici l'entretien des équipages et des troupes de la marine sur le pied de 50 millions durant chacune des vingt plus belles années du règne de Louis XIV, et ce chiffre assurément n'est pas erroné.

2) Quand on se rappelle que cette guerre de l'indépendance américaine coûta au moins 400 millions à notre pays, et que le gouvernement des Etats-Unis réclamait, il n'y a pas longtemps à la France, une prétendue dette que nous avons eu la générosité de payer, on serait en vérité tenté de croire que la reconnaissance est une vertu absolument inconnue des citoyens des Etats-Unis.

Report.	3,010,000,000
Construction de la flotte.	200,000,000
Entretien des équipag., etc.	400,000,000
Flotille de Boulogne. . .	100,000,000
Depuis la Restauration jusqu'à nos jours.	
Construction et entretien des ports et arsenaux. . .	200.000,000
Construction et entretien du matériel.	650,000,000
Entretien des équipages, des troupes de la marine, etc.	600,000,000
	5,160,000,000 fr.

Plus de 5 milliards que la France a dépensés depuis Louis XIV jusqu'à nos jours pour fonder, pour établir sa puissance sur les mers !...

Si, dans l'espace de moins de deux siècles, la France a dépensé 5 milliards pour sa marine, il est vraisemblable que l'Angleterre aura presque doublé cette somme, et cela pour satisfaire la passion des combats.

Mais ces calculs sont bien hypothétiques, diront quelques lecteurs?.... Pas du tout, ils reposent sur des données aussi sincères que possible, en évaluant les choses par masses, bien entendu (1).

(1) Quiconque a vu nos établissements maritimes de Brest et de Toulon, de Rochefort et de Lorient, s'il a quelque connaissance des travaux, sera convaincu que le chiffre de 260 millions n'est pas loin de la vérité; en effet, supposons

  90,000,000 pour Brest,
  80,000,000 pour Toulon,
  70,000,000 pour Rochefort,
  20,000,000 pour Lorient,

et l'on aura la valeur à peu près exacte de chacun de ces établissemens.

La France et l'Angleterre ont donc dépensé 15 milliards dans moins de deux cents ans pour la prospérité de leurs marines.

Mais voyons quel a été le résultat final de tant de sacrifices.

Sur la quote part de la France, 1,850,000,000 de francs ont été engloutis à peu près de la manière suivante :

Pour vaisseaux coulés, brûlés ou pris par l'ennemi.	260,000,000 fr.
Pour dépérissement du matériel dans les ports. .	1,590,000,000
	1,850,000,000 fr.

Actuellement, un vaisseau tout armé vaut, terme moyen, 1,300,000 fr. : une frégate 900,000 fr. ; une corvette 600,000 fr. , etc. Il est vrai que du temps de Louis XIV, la valeur de ces bâtiments était au-dessous de ce qu'elle est aujourd'hui d'un cinquième environ ; mais que, sous son règne, l'on ait construit cent quarante vaisseaux de tout rang, autant de frégates, autant de corvettes, plus, le nombre de transports et de bâtiments de flotille nécessaires pour une flotte aussi considérable que celle de ces temps-là (et certes nos approximations ne manquent point de justesse), il est évident que 350 millions ont bien dû se trouver appliqués tant à la construction qu'à l'entretien et au renouvellement des navires de guerre pendant tout le temps qu'a régné ce monarque.

L'histoire prouve aussi que l'on n'entretenait pas moins d'un effectif de

70,000 officiers et matelots ,
10,000 ouvriers dans les arsenaux.

Total... 80,000.

Or, que ces quatre-vingt mille hommes aient été soldés pendant vingt années sur une moyenne de 630 fr. par an (et la solde des officiers-généraux, des ingénieurs, des maîtres , des administrateurs , devait bien faire monter à ce taux la dépense annuelle de chaque individu), il en résulte donc que même plus d'un milliard a été employé pour l'entretien du personnel

Au moyen de cette base, l'on peut évaluer ou vérifier les chiffres des autres règnes ou périodes.

Mais vous répudiez donc, dira-t-on, la gloire des Tourville, des Duquesne et des Jean-Bart ! Aucunement ; nous acceptons au contraire tous les faits qui ont illustré ces braves marins, comme nous vénérons la mémoire des Turenne, des Condé, des Napoléon, en tant que ces hommes fameux ont été les instruments dont la Providence s'est servie pour accomplir ses desseins.

Non, nous ne répudions, ni n'abaissons la gloire des braves amiraux qui ont honoré le pavillon français ; mais que l'on n'oublie pas un moment que nos travaux ont pour but la paix, et que, sous ce rapport, nous ne devons rien omettre de ce qui peut faire ressortir combien est accablant pour les peuples le fardeau que leur impose la guerre.

Nous continuons. — Sans doute, pour tant de sacrifices, la France a pu se flatter un moment d'avoir entre ses mains le trident de Neptune ; mais elle a vu aussi les désastres de la Hogue, du 13 prairial, d'Aboukir, de Trafalgar ; et, il est pénible de le dire, c'est en définitive l'Angleterre qui a triomphé et rendu stériles tous nos efforts de près de deux siècles (1).

(1) Il est malheureusement trop réel que, par le combat de Trafalgar, notre marine s'était tellement affaiblie, sous le rapport numérique, que, depuis cette funeste journée, nous n'avons eu aucune affaire d'escadre avec l'Anglais. Il est vrai que Napoléon créait une nouvelle flotte, principalement dans le port d'Anvers ; mais les événemens de 1814 la livrèrent aux mains mêmes des nations contre lesquelles elle devait un jour combattre.

Sous la Restauration, il ne faut pas dire que la marine se soit accrue ; au contraire, l'on pourrait peut-être remarquer quelque dépérissement dans la masse des forces navales.

Depuis quelques années cependant, les vues de la France se tournent

Toutefois, il est certain que l'Angleterre elle-même a ployé sous le fardeau des emprunts qu'elle a dû contracter pour soutenir la guerre maritime et la guerre continentale ; or, chacune des deux nations connaît maintenant le prix de ces gigantesques joûtes navales qui ont eu tant de retentissement dans le monde militaire ; mais, fort heureusement pour les peuples, l'on paraît peu disposé à renouveler de semblables amusements.

Le rôle du vaisseau de guerre se bornera à protéger la marine du commerce, la seule pour laquelle un pays doit s'imposer des sacrifices.

Mais, chose singulière ! les moyens même que chaque jour la science met au pouvoir de l'homme pour rendre les combats plus meurtriers, semblent, ainsi que nous l'avons déjà fait remarquer ailleurs dans cet écrit, préserver le genre humain du retour des grandes batailles navales. Au boulet rouge, dont par humanité, dit-on, l'on ne faisait plus usage depuis long-temps dans ces sortes de rencontres, on vient de substituer un projectile bien autrement destructeur, inventé par le colonel d'artillerie Paixhans : obus incendiaire d'un effet prodigieux, qui doit infailliblement perdre tout vaisseau sur lequel il ira frapper ! N'a-t-on pas inventé aussi, tout récemment, des brûlots à vapeur à l'action desquels aucun navire ne pourrait se soustraire au milieu d'une es-

vers la marine, et tout bon patriote doit y applaudir, s'il faut que l'esprit, le génie des combats l'emporte encore un moment sur la paix. Dans ce cas, ce n'est pas seulement 60 a 70 millions par année que le pays devrait voter pour sa marine, mais 150 millions. Toutefois, ce serait là un véritable état de guerre que, par nos principes, nous ne désirons pas se voir réaliser.

cadre à l'ancre ou marchant en ordre de bataille?..
Enfin, la fusée à la Congrève perfectionnée, et dont
les jonques chinoises ont récemment éprouvé les
terribles effets, et mille autres inventions, qu'en cas
de guerre maritime, le secours de la physique et de
la chimie pourrait procurer, devront inspirer une
terreur réciproque, et rendre l'Océan, tout entier, à
la *marine commerciale :* le plus puissant moyen de
civilisation, à notre avis, que Dieu ait pu mettre à la
disposition de l'homme !

Quelle différence entre la mission de ces deux marines !... L'une tue, l'autre nourrit ; la première
donne à l'homme les mœurs et les penchants barbares des premiers âges du monde ; la seconde, au
contraire, étend la sphère des connaissances, res-
serre les liens de l'amitié de l'un à l'autre pôle, et
féconde ainsi le germe de la paix universelle que
renferme l'esprit régénérateur du christianisme.

Christophe Colomb, Améric-Vespuce, Magellan,
Cook, Lapeyrouse, Bougainville, vous tous intré-
pides navigateurs dont nous voudrions pouvoir citer
le nom, recevez nos sincères hommages (1) ! ... La
plupart de vos découvertes, il est vrai, ont été souil-
lées par des conquérants avides et cruels qui vinrent
exploiter, au gré de leurs passions ou au profit de
quelques monarques de l'Europe, les belles contrées desquelles vous fîtes la conquête au nom de la
civilisation ; mais il vous reste la gloire, et cette

(1) Bien que quelques uns des navigateurs célèbres de la France et de
l'Angleterre eussent un grade dans la marine royale, nous n'hésitons
cependant pas à les mettre sur la ligne des hommes pacifiques, par la
raison que l'homme de guerre dépose l'épée, du moment où il accepte
une mission tout au bénéfice de la science.

gloire est bien supérieure à celle que vos sublimes courages vous eussent acquise dans les combats, d'avoir préparé la voie sur laquelle l'espèce humaine tout entière viendra contracter le pacte d'une alliance pacifique et vous saluer du titre de libérateurs !

Encore un coup, recevez nos hommages, car c'est vous qui êtes les premiers, les plus célèbres conquérants dont le monde puisse s'honorer; vous cherchiez des hommes, vous les rencontrâtes et vous vîtes en eux des frères. Votre génie, votre patience ont doté l'ancien monde de cette Amérique qui est maintenant digne de prendre sa place parmi les nations. C'est vous aussi qui fûtes les pères, le premier chaînon de ces négociants laborieux dont les vaisseaux couvrent aujourd'hui les mers; de cette foule de commerçants qui font vivre dans l'abondance des millions d'êtres humains qui pourtant ignorent aujourd'hui, pour la plupart du moins, et votre nom, et vos illustres travaux.

C'est donc la navigation pacifique que doit soutenir, que doit encourager la véritable philosophie; c'est elle qui remplira la double et honorable mission de porter l'abondance et les lumières chez les peuples des régions les plus reculées du globe; de faire de toutes les nations de la terre une seule et même famille.

Marchant de concert avec l'étude des langues étrangères, la navigation du commerce atteindra bientôt ce double but. Les amis de la guerre n'auront plus, il est vrai, l'avantage de rencontrer au milieu des mers le formidable vaisseau à trois batteries cherchant un adversaire digne de lui ; mais les amis de la paix et de la civilisation jouiront, en se rencontrant sur les plaines immenses de l'Océan, les uns portant aux peuples des climats lointains les produits de leur sol ou de leur industrie, les autres revenant chargés des richesses du Nouveau-Monde ou des Indes. La foule des braves marins qui peuplent maintenant les escadres belliqueuses trouveront à s'employer plus utilement pour eux et pour l'humanité en naviguant pour le compte des négociants, et deviendront ainsi un nouvel et puissant élément de gloire et de prospérité.

Que si l'on rencontre encore çà et là sur le liquide élément le gigantesque vaisseau, l'élégante frégate, la corvette à l'allure vive et coquette, ce ne sera plus, comme autrefois, pour attaquer des frères et livrer ces combats insensés dont les temps antérieurs furent témoins, mais bien pour extirper les pirates, les forbans, les odieux marchands d'esclaves, de tous les parages qui leur servent encore de repaire aujourd'hui : voilà les ennemis que la civilisation doit combattre à outrance ! pour eux ni trève ni paix ; il faut qu'ils périssent, ou renoncent à leur abominable profession.

C'est ici le lieu de parler de l'esclavage et des moyens de parvenir à son extinction absolue.

Depuis plusieurs années, la France et l'Angleterre rivalisent de zèle pour arriver à l'abolition complète de l'esclavage ; mais leurs efforts n'ont encore obtenu que des résultats fort peu avantageux ; c'est même une question que de savoir si le sort des malheureux habitants de la côte ouest de l'Afrique n'a pas même empiré depuis l'adoption de ces mesures répressives.

Oui, la traite des noirs peut se faire aujourd'hui d'une manière beaucoup plus barbare qu'au temps où les Européens pouvaient, sans rougir, se dire marchands d'esclaves!... En effet, qu'arrive-t-il maintenant? le navire négrier pris en flagrant délit (et très peu se laissent prendre de cette manière) (1), massacre et jette à la mer les pauvres esclaves qu'il avait sur son bord, force de voiles, et, grâce à sa marche, presque toujours supérieure à celle des vaisseaux de guerre (bâtiments dont le nombre n'est jamais suffisant) (2), il est rare qu'il n'échappe à leur poursuite : ce moyen est évidemment inefficace.

On a aussi abordé cette intéressante question d'une autre manière : celle de rendre les nègres esclaves à la liberté. Malheureusement, sur ce point, les parties intéressées n'ont pu tomber d'accord ; les uns voudraient l'esclavage pur et simple, les autres avec certaines restrictions en faveur de l'humanité, et, à l'exception de l'île de la Jamaïque, peut-être, où les Anglais ont émancipé leurs nègres (3), il n'est aucune nation qui ait pu trouver la solution de ce

(1) Légers, bons voiliers, ils se tiennent toujours très près des côtes, ou séjournent dans des baies inaccessibles aux navires de guerre qui, habituellement, ont un tirant d'eau considérable. On les observe, sans doute, mais survient-il une bourrasque, une brume, ils échappent bientôt à la surveillance même la plus intelligente.

(2) Et il en sera toujours ainsi tant que l'on emploiera ces bâtiments à guerroyer, ou à s'observer réciproquement, comme on le voit encore aujourd'hui, plutôt que dans des croisières utiles pour l'humanité.

(3) Encore, de l'aveu de quelques publicistes, cette émancipation a manqué son but, et ils conviennent que les nègres libres de la Jamaïque sont

problème. Ce sujet, comme on le pense, est d'une haute gravité dans la question qui nous occupe ; mais il présente des difficultés tellement multipliées dans l'état actuel des choses, que nous ne pourrions entrer dans l'examen détaillé des circonstances qui s'opposent maintenant à l'entière émancipation des esclaves sans nous écarter trop sensiblement de la question principale.

Nous dirons donc, cependant, que, sous l'empire de l'Évangile, nous avons encore aujourd'hui des esclaves à la Martinique, à la Guadeloupe, à l'île Bourbon, etc. Toutefois, il faut bien en convenir, par les soins de la métropole, l'état des esclaves s'adoucit de jour en jour dans nos colonies ; ils reçoivent l'éducation religieuse et assistent avec assiduité aux offices ; leurs maitres n'ont plus, comme autrefois, le droit de vie et de mort sur eux ; enfin, quel que soit le sens que l'on attache à la servitude dans nos colonies des Antilles, il est cependant vrai que la condition des esclaves y est généralement préférable à celle des serviteurs libres de nos villages de la Basse-Normandie, par exemple ; c'est là une marche progressive vers le bien, et une tendance visible vers la confraternité qui est le fond de la morale de Jésus-Christ.

aujourd'hui dans une position pire que celle où ils étaient avant que leurs fers fussent brisés.

Après tout, pouvait-on, en donnant la liberté aux esclaves, leur donner en même temps des domaines, des serviteurs ? Non. Naturellement enclins à la paresse, ils ne peuvent concevoir comment pour vivre il faut commencer par travailler afin d'obtenir un salaire journalier, et comment ce salaire est toujours proportionné à l'importance des services rendus au colon. Le nègre, ainsi émancipé, est donc dans un état plus déplorable que celui dont il est sorti.

Mais que dire des États-Unis de l'Amérique du Nord, à propos de cette question de l'esclavage ? Là, gémissent sous le fouet plus de trois millions de nos frères; pour eux, il n'est pas même, comme chez les païens, de jours fériés, où pendant quelques instants, en apparence du moins, l'esclave redevenait homme et marchait l'égal du maître (1). Chez les habitants des États-Unis, tous les jours sont égaux pour les esclaves, c'est à dire qu'ils ne leur offrent que travaux pénibles ou châtiments cruels. On isole ces malheureux comme des pestiférés; point d'instruction, point de contact avec les personnes libres. O raffinement de barbarie! on veut qu'ils ignorent s'il y a dans le monde, ou plutôt sur le globe que nous habitons, d'autre pays, d'autre terre que celle qu'ils arrosent de leur sang et de leurs larmes!.... On exige qu'ils s'oublient eux-mêmes et n'aient d'autre sentiment de leur être que la brute à laquelle ils sont assimilés, en tout point, sur une terre de liberté ! Voilà l'esclavage aux États-Unis (2).

---

1) Nulle institution ne fut plus belle dans le paganisme ; elle rappelait au maître et à l'esclave qu'ils étaient égaux aux yeux de la nature.

Parmi les esclaves, il s'en trouvait d'un esprit assez fin, assez orné, pour employer ce congé à donner gaîment d'utiles leçons à leurs maîtres : ce que le poète Horace consacre en disant : « Profite de la liberté que « nos ancêtres ont attachée au mois de décembre; parle sans déguise- « ment. »

(2) Il est peut-être des exceptions honorables pour l'humanité dans ce pays même, nous aimons du moins à le croire ; mais quand on saura qu'en 1838 ou 1839 (le fait est du reste certain), un rédacteur de gazette d'une ville des États-Unis, dont le nom nous est échappé, ayant commis l'imprudence d'écrire quelques lignes contre l'esclavage, fut publiquement massacré par des citoyens du lieu ; et, ce qui surprendra peut-être, c'est que les auteurs du meurtre ne furent point recherchés, du moins à ce que l'on prétend. Quelle horreur si les coupables n'ont pas

Opposera-t-on à ce tableau les mœurs des peuples des climats orientaux ? Mais là du moins, le principe de l'affranchissement laisse à l'esclave l'espoir que ses fers seront un jour brisés : plus d'un affranchi, chez les Romains, devint un personnage assez considérable, et, chez les Ottomans, plusieurs même sont arrivés à la charge de grand-visir ; dans les harems, de jeunes esclaves sont les confidentes intimes de leurs maîtresses. Or, dans le Levant, l'esclavage, bien que monstrueux en lui-même, n'est pas, à beaucoup près, ce qu'il est dans quelques pays de la chrétienté.

Tant que durera un tel état de choses, il n'est pas permis de penser sérieusement à l'entière abolition de l'esclavage dans toute l'Amérique. Nous le disons avec douleur, le jour des hommes noirs, le jour des Africains n'est pas encore venu, mais il viendra tôt ou tard, n'en doutons pas, et alors puisse l'Amérique échapper au châtiment qu'elle semble prendre plaisir à attirer sur elle-même ! Le Ciel à la fin exauce les prières de l'opprimé et tire une éclatante vengeance des iniquités sans nombre des oppresseurs.

Cependant, en donnant à la navigation commerciale une grande extension, par suite du système de paix générale dont nous venons de poser les bases, ce serait le moyen d'arriver, sans secousses peut-être, au résultat après lequel l'humanité tout entière ne cesse d'aspirer. Plutôt que de porter des fers aux habitants des pays de Guinée, de Congo, de Benguela,

été châtiés !... En vérité, mieux vaudrait prêcher en faveur de la civilisation chez les Caffres ou les Hottentots, que chez les citoyens des États-Unis, si ce fait est tel que les journaux français l'ont raconté.

portons-leur notre industrie, notre civilisation; alors, au lieu de se faire une guerre continuelle que les vils marchands d'esclaves ont soin d'alimenter, nous verrons bientôt s'élever des villes florissantes, des royaumes considérables où l'on ne voit aujourd'hui que de misérables cabanes et des peuplades vagabondes.

Nous avons précédemment parlé d'un congrès général des peuples civilisés comme moyen d'accélérer l'œuvre de la pacification universelle ; nous avons dit aussi quels seraient les principaux points de politique dont cette assemblée aurait à s'occuper, enfin sur quelles bases l'on pourrait conclure un pacte fédératif général. Nous demanderons maintenant, par rapport à la question de l'esclavage, si, dans ce même congrès, les puissances maritimes ne pourraient pas s'entendre sur les moyens d'arrêter entièrement le commerce de la traite des esclaves? Qu'il soit déclaré qu'à partir de l'époque de la notification du congrès, toute nation convaincue d'avoir fait l'acquisition de nouveaux esclaves sera, par ce fait même, exclue de la diète fédérative, et citée au ban des peuples comme ayant violé la foi des traités.

Comme l'isolement est une chose peu supportable pour les individus, de même un Etat ne saurait subsister longtemps sans avoir des relations d'amitié avec ses voisins, et pour soutenir la cause de l'esclavage, il est douteux que le gouvernement des États-Unis, lui-même, pût consentir à se voir relégué en dehors de la civilisation.

De nouveaux esclaves ne pouvant plus être faits désormais, il est visible que la condition de ceux qui

resteraient alors, c'est-à-dire au moment de la conclusion du traité, serait singulièrement améliorée :
le maître, intéressé à les conserver, les traiterait avec
douceur ; à mesure des extinctions, il les remplace-
rait par des serviteurs libres : nous ne voyons pas
d'autre moyen de rompre la chaîne de l'esclave,
dans l'Amérique, que celui qui résulterait de mesures prises dans un congrès général.

Comme on le voit, *la marine* est le levier puissant
au moyen duquel une partie de nos institutions
actuelles doivent être remuées pour être ensuite
modifiées de manière à faire le repos et le bonheur
du monde; c'est à elle que l'on doit les progrès déjà
faits, depuis deux siècles, vers un rapprochement
graduel et sensible entre tous les peuples du globe ;
c'est elle qui continuera aussi cette noble tâche, et
aura tôt ou tard l'insigne honneur d'avoir délivré
le genre humain du cruel fléau de la guerre.

La marine du commerce et la marine militaire
de toutes les nations (1) ont donc la mission la plus
importante à remplir, envers le monde civilisé,
contre la barbarie; mais il faut encourager l'homme
de mer, mais il faut unir les deux marines de manière à ne former qu'un seul corps, puisque, dans
l'un comme dans l'autre cas, les services rendus
seraient de même nature, c'est-à-dire qu'ils auraient pour objet les progrès de la civilisation.

Chez quelques puissances, et notamment en
France, déjà les marins du commerce jouissent,
après vingt-cinq ans de services effectifs, d'une

(1) Cette dernière réduite aux proportions que nous avons établies
comme base de paix générale.

sorte de pension de retraite (environ le tiers de la
pension du marin servant sur les vaisseaux de
guerre) : c'est déjà là un moyen d'encouragement,
mais il atteint un but tout autre que celui que nous
nous proposons, puisqu'il n'a pour objet que d'entretenir la pépinière des marins de l'État, tandis
qu'en accordant les mêmes avantages de fin de carrière aux uns qu'aux autres, ce serait la marine du
commerce, la *marine pacifique* que l'on protégerait
évidemment. Les hommes du métier, et qui par conséquent ont tout intérêt à la conservation d'une
immense flotte de guerre, vont sans doute qualifier
ce raisonnement d'absurde : leurs vues sont une conséquence toute naturelle de la position qu'ils occu-
pent, et si nous étions à leur place, il est vraisemblable que nous aurions la même aversion qu'eux-
mêmes pour la paix générale. Mais s'ils ont suivi
quelque peu nos idées, s'ils ont admis au moins
comme principe d'une louable philantropie, notre
système d'hostilité envers la guerre, ils conviendront
que la civilisation des peuples, par l'influence de la
navigation du commerce, protégée, encouragée
comme il y aurait lieu de le faire, n'est pas assurément chose impossible (1).

Les Tyriens, les Carthaginois, qui eurent de puis-
santes marines, n'envisagèrent ces grands et rapides

(1 Mais, diront-ils, qui donc voudra servir sur les navires de l'état, si
l'avantage n'est pas plus grand sous le rapport de la retraite ? Dans ce
cas , que l'on décide que tout marin est susceptible de servir huit années
consécutives sur les navires de l'état par voie de tirage au sort, comme
pour l'armée de terre. Les forces étant ramenées sur un pied normal et
permanent , rien de si facile alors que de fixer le contingent des marins
comme celui de l'infanterie , de la cavalerie, etc.

moyens de communication entre les peuples que comme une source de richesses, et c'est encore, malgré l'existence de la marine militaire, l'idée que nous attachons à la navigation en général. En effet, telle fut sa première destination : *le commerce,* pas autre chose ; tel est aussi le rôle important qu'elle est appelée à remplir dans la régénération des sociétés.

Après que la marine aurait été organisée sur les bases que nous venons de poser comme moyen de presser l'accomplissement d'une *paix générale et permanente*, il nous reste maintenant à dire comment on pourrait faire le bien-être des peuples en multipliant dans l'intérieur des empires les voies de communication : moyen que les gouvernements actuels de l'Europe emploient déjà avec succès pour augmenter la félicité des populations, mais que l'état de paix armée empêche de développer convenablement.

En parlant de l'ancienne Égypte, nous avons déjà dit précédemment quelques mots sur la prodigieuse activité des peuples de cette contrée de l'Afrique. Or, sa fertilité, presque fabuleuse, n'était due absolument qu'aux nombreux canaux d'irrigation qui sillonnaient ce pays dans tous les sens.

Les Arabes-Sarrasins employèrent aussi ce moyen avec le plus grand succès dans toute la partie méridionale de l'Espagne qu'ils occupèrent pendant près de sept cents ans, tandis qu'aujourd'hui les mêmes contrées sont presque stériles.

Mais revenons à l'Égypte, pour mieux appuyer nos raisonnements en faveur des grands travaux qui se

rattachent à l'agriculture et au commerce intérieur.

« Ceux qui ne savent pas, dit Bossuet, jusqu'à
« quel point on peut ménager le terrain, prennent
« pour fables ce que l'on raconte du nombre des
« villes de l'Égypte. La richesse n'en était pas moins
« incroyable : pas une qui ne fût remplie de temples
« magnifiques et de superbes palais.

« L'architecture y montrait partout cette noble
« simplicité et cette grandeur qui remplit l'esprit ;
« de longues galeries y étalaient des sculptures que
« la Grèce venait prendre pour modèles. Thèbes pou-
« vait le disputer aux plus belles villes de l'uni-
« vers, et ses cent portes, chantées par Homère,
« sont connues de tout le monde. Elle n'était pas
« moins peuplée qu'elle était vaste, et l'on a dit
« qu'elle pouvait faire sortir ensemble dix mille com-
« battants par chacune de ses portes. Qu'il y ait de
« l'exagération dans ce chiffre, toujours est-il vrai
« que son peuple était innombrable. Les Grecs et les
« Romains ont chanté sa magnificence et sa gran-
« deur, bien encore qu'ils n'en eussent vu que les
« ruines. »

Et ailleurs, ce judicieux et éloquent écrivain dit
aussi :

« Ce que les Égyptiens ont fait du Nil est vrai-
« ment incroyable, tant il est vrai qu'il n'y avait
« rien que de grand dans leurs desseins et dans leurs
« travaux. Il pleut rarement en Égypte, mais ce
« fleuve qui l'arrose toute par ses débordements ré-
« glés lui apporte les pluies et les neiges des autres
« pays. Pour multiplier un fleuve si bienfaisant,

« l'Égypte était traversée d'une infinité de canaux
« d'une longueur et d'une largeur incroyables.

« Le Nil portait partout la fécondité avec ses eaux
« salutaires; il unissait les villes entre elles, et la
« grande mer avec la mer Rouge entretenait le com-
« merce au dedans et au-dehors du royaume, et le
« fortifiait contre l'ennemi : de sorte que le Nil était
« tout ensemble et le nourricier et le défenseur de
« l'Égypte. On lui abandonnait la campagne, mais
« les villes, rehaussées avec des travaux immenses,
« et s'élevant comme des îles au milieu des eaux,
« regardaient avec joie de cette hauteur toute la
« plaine inondée et en même temps fertilisée par
« ce fleuve. Lorsqu'il s'enflait outre mesure, de
« grands lacs, creusés par les rois, tendaient leur
« sein aux eaux répandues; de grandes écluses les
« ouvraient ou les fermaient au besoin, et les eaux,
« ayant leur issue, ne séjournaient sur les terres
« qu'autant qu'il fallait pour les engraisser.

« Tel était l'usage de ce grand lac qu'on appelait
« le lac Myris ou Mœris. On est étonné quand on lit,
« ce qui est pourtant certain, que ce lac avait de
« tour environ cent quatre-vingts de nos lieues.
« Pour ne point perdre trop de bonnes terres, on
« l'avait étendu principalement du côté de la Lybie :
« la pêche en valait au prince des sommes immenses,
« de sorte que, quand la terre ne produisait rien,
« on en tirait des trésors en la couvrant d'eaux.
« Deux pyramides, dont chacune portait sur un trône
« deux statues colossales, l'une de Myris, l'autre
« de sa femme, s'élevaient de trois cents pieds au
« milieu du lac, et occupaient sous les eaux un pa-

« œil espace. Ainsi, elles faisaient voir qu'on les
« avait érigées avant que le creux eût été rempli, et
« montraient qu'un lac de cette étendue avait été
« fait de main d'homme et sous un seul prince. »

Que l'on veuille bien nous pardonner cette citation, un peu longue à la vérité, mais indispensable cependant pour démontrer que des travaux de
cette nature sont plus profitables pour les peuples
que la construction de remparts, de citadelles, de
tout l'attirail des combats; et, véritablement, il
nous eût été impossible de citer un exemple plus
concluant à cet égard que celui qui nous est offert
dans l'éloquent discours du savant évêque de Meaux.

Pour les pays auxquels la nature a refusé d'être
traversés par un fleuve, les chemins de fer, invention qui n'appartient qu'aux temps modernes, sont
un moyen de communication qu'il importe de généraliser ; sur ces routes que nous qualifierions volontiers d'artificielles, des distances immenses sont
franchies en peu d'instants, ou plutôt avec la rapi-
dité de la foudre ; et cela avec des dépenses fort mini-
mes en comparaison des anciens modes de traction.

Ainsi les peuples se touchent, se tiennent par la
main; ainsi se répartissent, en un clin d'œil, les trésors
du sol entre tous les habitants d'un même royaume.

C'est principalement dans les temps de disette
qu'un peuple jouit, sans pouvoir le comprendre, des
bienfaits qui résultent de la multiplicité des voies
de communication soit par terre, soit à l'aide des canaux : dans ce cas, nous disons même qu'une disette
absolue est presque impossible, tandis que dans la

supposition contraire, les maux que produirait la perte d'une récolte en blés, dans une province, seraient incalculables et sans remède pour les habitants de cette même contrée.

Nous citions tout à l'heure la fertilité du sol de l'ancienne Egypte, fertilité dont le secret existait dans les travaux gigantesques dont les peuples de cette contrée du monde furent seuls capables. Cependant jetons les yeux sur la Chine, partie de l'Asie qui, peut-être, n'est pas seulement trois fois aussi grande que la France, et cependant fait vivre 400 millions d'habitans, c'est-à-dire, proportion gardée, douze fois autant qu'en nourrit la France, où l'agriculture passe pour être en honneur ! A quoi donc faut-il attribuer cette population énorme, sinon au perfectionnement des arts, qui ont pour objet de faire subsister les hommes ?

Ah ! soyons-en persuadés, si les Chinois avaient été tourmentés, comme les nations de l'Europe, du démon des combats, si l'esprit de conquête les eût poussés violemment, ils se seraient avancés en Tartarie pour agrandir leur territoire, ils eussent dépensé des trésors immenses pour courir après les victoires, leur population serait réduite des trois quarts, sans autre gloire que celle d'avoir tué bon nombre d'ennemis : mais non, mieux inspirés, ils se contentent, 244 ans avant Jésus-Christ, d'élever entre eux et les Tartares cette fameuse muraille qui sépare la civilisation de la barbarie. Plus tard, l'an 93 de l'ère chrétienne, ils chassent de leur voisinage les Huns, qui, de chute en chute, vinrent s'abattre comme une nuée de sauterelles sur la Gaule.

Depuis ce temps, les Chinois se sont attachés à perfectionner leurs lois, leurs mœurs : ils ont éprouvé des révolutions, des invasions ; mais les grands de l'empire, seuls, s'en sont pour ainsi dire aperçus, tandis que le peuple, toujours occupé de ses travaux, n'a pas même su s'il changeait de maître : ce que nous avons déjà dit en d'autres termes, mais que l'on ne saurait trop répéter. Que, dans un pays comme la France, par exemple, l'on transforme tous les hommes valides en soldats et l'on aura bientôt le double fléau de la guerre civile et de la guerre étrangère. Et pourquoi? parce que le fer attire et aiguise le fer, parce que l'homme, une fois sous le casque, ne rêve plus que combats et destruction : aussi, est-il toujours dangereux d'éveiller cet instinct guerrier chez un peuple, sans nécessité aucune, c'est-à-dire, tant qu'un conquérant n'a pas envahi une portion du territoire qui appartient à ce même peuple.

Au contraire, réduisez l'armée à un nombre très limité de soldats, que l'uniforme du militaire se rencontre rarement dans l'intérieur d'un pays, dès lors la paix règne au-dedans comme au dehors, toutes les nations ayant, bien entendu, adopté le même système de réforme dans leurs armées ; car on conçoit quelle serait l'énormité du danger que courrait un pays désarmé en présence d'un royaume voisin présentant une fourmillière de soldats : ceci donc suppose un désarmement général ; enfin, c'est la condition *sine quâ non*.

On objectera, sans nul doute, que ces grands travaux pour le perfectionnement de l'agriculture et pour l'extension de l'industrie, au milieu des empires supposent aussi des dépenses extraordinaires. Cela est incontestable ; mais la réduction des forces militaires permettant de faire d'immenses économies, il est évident qu'une partie de ces ressources pourrait être appliquée à la réalisation de ce grand projet de travaux d'utilité : projet si éminemment pacifique en lui-même, comme nous allons le démontrer.

Quant au soulagement immédiat et sensible des peuples, sous le rapport des impôts, nous ne balançons pas à dire que, d'après nos vues particulières, ce soulagement ne pourrait être, d'abord que peu sensible, par la raison que, depuis long-temps, l'état de guerre, ou de paix armée (ce qui est la même chose) a nécessairement englouti en Europe les immenses capitaux qui, dans l'hypothèse d'une paix générale, eussent pu recevoir une destination utile pour la véritable gloire et la prospérité des états.

Et, à cette occasion, nous allons encore nous livrer à quelques calculs, car en pareille matière, les chiffres sont toujours plus éloquents que les paroles.

Prenons, par exemple, la dernière guerre générale qui, commencée en 1792, n'a fini qu'en 1815, et voyons, approximativement parlant, ce qu'elle a coûté aux contribuables de tous les pays.

Angleterre.	5,000,000,000 fr.
France.	3,000,000,000
Allemagne.	2,000,000,000
Puissances du Nord. . . .	2,000,000,000

12,000,000,000

8

Report. 12,000,000,000

A quoi l'on peut ajouter pour
pillages, exactions de tous gen-
res. 5,000,000,000

TOTAL. . . . . 17,000,000,000 fr.

Ainsi, dans l'espace de vingt ans environ, la guerre
a dévoré dix-sept milliards en Europe !

Maintenant, on demande si la moitié, si le quart
seulement de cette somme que la pensée ne peut pas
même apprécier, eût été appliqué à des travaux dignes de l'homme civilisé, quel serait aujourd'hui
l'aspect de l'Europe, et si sa population ne serait pas
presque le double de ce qu'elle est aujourd'hui?

A ce mot d'accroissement de population, nous
entendons crier, nous voyons s'agiter comme des
furieux ces économistes aux vues étroites qui prétendent que l'Europe, la France surtout, offrent une
population trop considérable, et que la guerre, la
famine ou tout autre fléau destructeur du genre humain, sont nécessaires pour ramener le chiffre des
êtres de notre espèce à de justes proportions....
Erreur !!

Jettez les yeux sur une mappemonde, et voyez
l'Asie, cette partie du globe qui pourrait bien être
regardée comme étant quatre fois plus considérable
que l'Europe; et cependant, elle ne compte environ
que 450,000,000 d'habitants, tandis que l'Europe
n'en a pas moins de 235,000,000, c'est-à-dire, moitié
plus que l'Asie, relativement à l'étendue de celle-ci.
On demande actuellement si les peuples de l'Asie

jouissent d'un bonheur politique (1) double de celui
des Européens? On le voit clairement, la manière de
raisonner de ces publicistes n'est pas même suscep·
tible de soutenir un moment la discussion. Et pourtant, est-ce à dire que le sol asiatique vaut moins
que le nôtre! Non pas certainement, mais ce qui
manque aujourd'hui à cette partie du monde, c'est
la paix et des gouvernements intelligents ; or, don-
nez lui ces deux choses, et avant qu'un siècle ne soit
écoulé, sa population sera triplée, et les grandes et
opulentes villes qui la couvraient jadis, renaîtront de
leurs cendres !

Mais, sans sortir de nos climats, l'Espagne, au
dire des économistes dont nous parlions il n'y a
qu'un moment, devrait être heureuse et prospère.
puisque, grande comme la France, elle ne contient
environ que 12,000,000 d'hommes! Si, au contraire,
l'agriculture y est dans un état déplorable, si l'industrie commerciale est absolument nulle dans ce

(1) C'est la première fois peut-être, depuis que l'on écrit, que cette
locution est employée : elle nous a cependant paru assez juste pour faire
la différence du bonheur individuel ou domestique entre le bien-être général, que nous appelons bonheur politique ; et c'est dans ce sens qu'il
faut regarder comme un bienfait pour le monde entier l'accroissement
de la population. Sans doute les tyrans, les égoïstes et les misanthropes
ne partageront pas nos sentiments à cet égard Les premiers ne peuvent
régner que sur des peuples abrutis ou efféminés; les égoïstes qui, en
toutes choses, ne voient qu'eux-mêmes, n'attachent aucune importance à
la propagation de notre espèce ; enfin, les misanthropes, naturellement
ennemis de la société. trouvent toujours qu'il y a trop d'hommes sur la
terre. Nous, au contraire, nous pensons qu'il ne saurait jamais y en avoir
trop pour le repos du monde ; que plus un peuple est nombreux, plus il
est éclairé, et par conséquent, moins facile à tromper, moins sujet à se
laisser aveugler par la fumée de la vanité: chose qui perd les peuples absolument comme les corporations, les familles, les individus eux mêmes.

pays, à quoi faut-il s'en prendre, sinon au manque de bras pour fertiliser le sol et donner de l'activité aux arts utiles (1)?

L'Égypte, ce petit pays de deux cents lieues de long sur douze à quatorze de large, nourrissait, dans l'antiquité, peut-être plus de 150,000,000 d'habitants; faites ce voyage maintenant, et vous verrez si les deux ou trois millions de sujets de Méhémet-Aly sont heureux !....

Que l'on ne s'y trompe point, la décadence des empires a toujours pour symptôme le décroissement progressif du nombre d'habitants, tandis que, partout où la population augmente, il y a accroissement de prospérité.

On demandera encore si l'augmentation considérable de notre espèce, par suite de l'état de paix universelle et perpétuelle, ne serait pas contraire à la solution du problème du repos permanent des peuples? Non. Avec l'accroissement des populations survient, de toute nécessité, le partage plus égal, plus uniforme des propriétés ; de là l'extinction des jalousies, des haines qui existent infailliblement entre les hommes d'un même pays où les fortunes présentent trop d'inégalités. Et pour prendre un exemple chez nous-mêmes, qui a fait la révolution de 1789?

_____

(1) À ce sujet, les ennemis de la religion catholique ont fait de longues et belles phrases pour chercher à démontrer que l'inquisition et les moines étaient les seules causes de la dépopulation de ce pays. S'ils avaient été de bonne foi, ils auraient dit que c'est à la guerre, à l'esprit belliqueux des Castillans que l'on doit cet état de choses, parce que la profession de soldat est incompatible avec la culture des sciences et des arts ; et si parfois l'homme d'armes est laboureur, ce n'est que sur nos théâtres.

Sont-ce quelques individus ? Ce serait une erreur de le croire : la cause de ce changement subit dans l'état politique de la France existait dans les grandes propriétés et les prérogatives qui y étaient attachées, source de l'envie et de la jalousie du peuple, qui alors se composait de la classe pauvre ou peu considérée du pays.

Il est donc vrai que moins il y a d'hommes répandus sur la surface du sol, plus les propriétés sont inégales, et par suite, plus il y a d'oisifs ambitieux et de pauvres à la merci des riches qui briguent le pouvoir, les charges considérables d'un État.

Nous ferons aussi remarquer, au sujet de la population, que plus elle est nombreuse et moins elle a de penchant pour la guerre, par la raison qu'elle fait de l'agriculture et des arts industriels son occupation constante, et que cet emploi du temps ne peut tourner ni au profit des discordes civiles, ni servir les projets insensés des conquérants, ni entretenir, en un mot, l'esprit belliqueux. Les anciens peuples qui avaient des penchants pour la guerre, savaient cela ; aussi les Spartiates se donnaient-ils bien de garde de cultiver les arts paisibles : ils bannissaient même de leurs murs les poètes et les savants comme susceptibles d'amollir les courages ; enfin, les citoyens ne s'occupaient donc que de la politique et de la guerre. Il en était absolument de même à Rome. On conçoit qu'une telle organisation des sociétés suppose l'esclavage et la guerre perpétuelle pour entretenir l'esprit militaire. Un tel système social est diamétralement opposé au nôtre, puisque nous voulons faire mourir la guerre par la culture même des arts, en tant qu'ils ont pour objet le bonheur de l'homme.

Il faut aussi se bien pénétrer de cette vérité, que là où la population abonde, là aussi le travail devient un devoir dont les classes aisées ne peuvent pas même s'affranchir sans honte (1). C'est pour cette raison que, nulle part au monde, l'homme ne fut aussi laborieux que chez les anciens Égyptiens. Là, il n'était permis à aucun citoyen d'être inutile à l'état ; toutes les professions nécessaires y étaient également en honneur, et il y avait même des peines sévères contre quiconque eût osé se permettre de proférer une seule parole dans le but d'avilir l'artisan le plus humble. La loi faisait à tout homme un devoir d'exercer la profession de son père, ce qui explique le degré de perfection où furent portés les arts dans ce pays. Les oisifs y étaient vus d'un très mauvais œil, ou, pour mieux dire, cette espèce d'hommes n'était pas connue sur la terre des Pharaons. C'était assurément une politique très habile que celle de bannir l'oisiveté de tout un empire ; c'est là un perfectionnement de mœurs publiques que nous souhaitons sincèrement à tous les peuples de l'Europe, et particulièrement à notre France qui, plus que toute autre nation, ressent chaque jour les cruels déchirements que causent, dans son propre sein, la foule des hommes inoccupés qui peuplent les grandes villes.

(1) Quel est l'homme de sens qui ne rougit point, quand sur les actes publics il voit accolé à son nom, à la place d'une profession, ce titre flétrissant de vivant de son bien?... On ne connaît pas une telle distinction ne Chine où chacun a un état quelconque.

Résumé.

Nous avons pris les sociétés dans leur enfance,
c'est-à-dire environ vers le temps où la dispersion
des peuples eut lieu, lors de l'érection de la Tour de
Babel; nous avons démontré, par des faits historiques, que si la guerre était nécessaire, inévitable
même, dans les premiers temps où les empires ne
pouvaient former un équilibre politique assez parfait, elle a cessé d'être indispensable, pour les états
modernes, du moment où ils ont été fortement constitués, et qu'une prépondérance réciproque a pu
s'établir.

Dans la même partie de notre ouvrage, nous avons
dépeint les horreurs de la guerre, et démontré comment il arrive que les plus éclatantes victoires ne
produisent aucun fruit, aucun résultat heureux. Au

contraire, que les plus beaux exploits excitent l'ambition effrénée des vainqueurs qui périssent cependant par l'abus de leurs propres forces, après avoir fatigué la victoire elle-même.

Dans la deuxième partie, nous nous sommes attachés à démontrer que si, sous l'empire du paganisme, la guerre était une conséquence nécessaire de ce faux dogme, elle est devenue une chose absurde, incompréhensible, sous l'empire du christianisme, où tous les hommes sont frères; qu'à partir de cette époque, la distinction flétrissante de *maître* et *d'esclave* a cessé de droit, et que, dès-lors, la destinée de la société ancienne était accomplie : ce qui est prouvé par la chute de l'empire romain et par celle de tous les états qui existaient sous la protection de ce monstrueux colosse.

Abordant ensuite la grande question des moyens de presser pour les nations le bienfait d'une PAIX UNIVERSELLE ET PERMANENTE, nous avons émis l'idée que ces moyens sont au nombre de quatre principaux, savoir :

1° Réunion d'un congrès général des peuples au sein duquel l'on fixerait, d'une manière définitive, les limites des états, les forces militaires à maintenir sur pied, etc. ;

2° Extension de l'usage des langues étrangères; réforme radicale de l'instruction publique (en France); application du savoir aux choses utiles, réhabilitation sociale de l'artisan, au moyen d'encouragements, de récompenses ; atténuation des effets du journalisme de mauvaise foi, par la fondation

de Moniteurs de département et d'académies litté-
raires d'arrondissement.

3° Extension de la navigation commerciale, comme
étant l'élément le plus pacificateur que l'homme
puisse employer.

Creusement de canaux, érection de chemins de
fer, etc., toutes voies de communication qui contri-
buent puissamment au bonheur des peuples en dé-
veloppant l'industrie sur une vaste échelle.

4° Enfin, application d'une partie des économies
résultant de la réduction des forces militaires au développement des moyens qui viennent d'être indiqués.

Nous avons rempli aussi bien qu'il nous a été possible cette tâche difficultueuse ; à défaut de savoir
et d'éloquence, nous avons pris pour guides la bonne
foi, la sincérité ; enfin, nos efforts ont eu pour objet
de faire un travail digne d'être présenté à l'examen
de l'honorable Société de la Morale chrétienne.

Heureux si nous avons réussi !....

FIN.

𝔄ppendice.

L'auteur a aussi traité la question fondée par feu l'abbé Grégoire, ancien évêque de Blois, sur les *Devoirs civiques des Militaires:* ce qui lui a valu un prix décerné, comme le précédent, par la Société de la Morale Chrétienne dans son assemblée générale du 18 avril 1842.

Le programme rédigé par la Société portait, entre autres réflexions : *Mais où chercher le remède? est-ce dans une organisation plus parfaite de la force armée? est-ce surtout dans l'établissement de principes simples sur la discipline militaire?*

Le principe qui a porté l'auteur, dans la question de la paix universelle, à penser que le problème du bonheur des nations était tout entier dans le cerveau des souverains, dans le cœur de chacun des membres des assemblées nationales ou délibérantes, et non dans les principes ou la volonté de tout citoyen, unité fractionnaire d'une nation, l'a également conduit à n'envisager la question tout entière que dans une organisation de l'armée sur *des bases territoriales.* Il serait aisé, sans doute, de dire (non pas de démontrer) que, dans l'état actuel des choses, le soldat ne doit obéissance passive que devant l'ennemi, tandis qu'au sein des cités, le général doit s'incliner devant un membre de l'autorité municipale; pour arriver là, il faut commencer par créer une armée nationale consistant, en quelque sorte, en gardes civiques. Admettons actuellement que, sans même s'embarrasser aujourd'hui de la question de la discipline, l'on réorganise l'armée sur un plan absolument territorial, il s'ensuivra de toute nécessité que le soldat deviendra presque citoyen, et que ses mœurs et ses habitudes ne pourront manquer de changer : donc il y a ici tout lieu de croire que la discipline du militaire n'est, généralement parlant, qu'une conséquence de l'organisation des armées, et non celle-ci la conséquence de la discipline, car il n'appartient qu'au souverain de modifier ce qui constitue la force publique (1).

L'auteur fait donc consister son plan de réorganisation de l'armée française, par exemple, dans les dispositions suivantes, pour obtenir *une armée nationale,* c'est à dire propre à la défense du territoire, et non à envahir celui des puissances voisines :

I. Interdiction formelle du remplacement militaire.

(1) On dira : l'armée est le peuple, donc le peuple peut la modifier selon son gré. Sans doute, mais le peuple ne peut agir qu'en vertu des pouvoirs dont il a investi ses représentants dans un État républicain, et ces délégués, à leur tour, exercent un pouvoir souverain au nom de leurs mandataires, et cela à la majorité des suffrages. Comme on le voit, ce n'est pas une volonté isolée, à beaucoup près, qui peut trancher la difficulté, et, sous ce rapport, les monarchies absolues éprouveraient infiniment moins d'embarras..

II. Fixation de la durée légale du service à quatre années seulement (1).

III. Avancement par élection depuis le grade de caporal jusqu'à celui de colonel inclusivement; mais tellement combiné que les mauvais sujets, les hommes inexacts à remplir leurs devoirs seraient rayés, non seulement des tableaux des candidats, mais même des électeurs aux différents grades; de plus, on exige des capacités en raison de l'importance des fonctions, ce qui est indispensable.

IV. Tout officier servirait au moins six ans dans les positions immédiatement subalternes.

V. Moins de distance entre l'officier et le soldat, ce qui pourrait s'obtenir :

1° En reduisant la paie de l'officier, et en augmentant celle du soldat ;

2° En habillant et équipant l'officier aux frais de l'État, et lui ménageant un logement convenable près de la troupe dans l'intérieur des casernes ;

3° En interdisant formellement le mariage à tout homme de guerre (sauf pour les officiers-généraux) comme étant incompatible avec le métier des armes.

Conditions, bien entendu, qui ne pourraient être appliquées qu'aux derniers arrivants, car l'*effet rétroactif serait un désordre, une injustice.*

VI. Partager la France en douze divisions militaires, comptant chacune 10,000 hommes d'infanterie, formant deux légions de cinq régiments comptant chacun deux bataillons de 1,000 hommes, et enfin ceux-ci dix compagnies de 100 hommes.

VII. Répartition des jeunes gens de chaque département dans la division territoriale à laquelle appartiennent ces départements; en outre, incorporation (autant que possible) des jeunes recrues d'un même département dans un même régiment, ceux d'un même arrondissement dans un même bataillon, etc. (pour l'infanterie.

VIII. Création d'intendants civils qui, remplaçant les intendants militaires actuels, rappelleraient au soldat que le commandement militaire n'est qu'une délégation du pouvoir civil.

IX. Affectation des militaires aux grands travaux d'utilité publique, dans leur propre intérêt comme dans celui de l'État.

X. Ne contraindre à servir sur les vaisseaux de guerre que des matelots de profession, en raison des capacités particulières que doit avoir un marin. Création d'un corps de pupilles de la marine à l'instar des pupilles de la garde impériale. N'envoyer que des volontaires dans les colonies.

XI. Etablir un code de discipline pour le service en campagne, et un autre pour celui de garnison, faire juger les voies de fait en garnison par les tribunaux civils, afin que, dans cette position, le soldat se rappelle qu'il est citoyen.

Comme on le voit, une telle armée serait peu propre à la conquête; mais pourvu qu'elle sût défendre l'intégrité du territoire, que faudrait-il da-

(1) Dans les armes spéciales, le service serait de dix années: elles se recruteraient de volontaires pris parmi les jeunes gens tombés au sort qui préféreraient servir dans les armes savantes ou spéciales, et en général de ceux des jeunes gens reconnus d'une bonne moralité qui demanderaient à contracter engagement.

vantage? Il ne faut pas que les jeunes soldats oublient qu'ils ont une patrie pour se dévouer à un chef ambitieux qui, au nom de la gloire, leur ouvrirait le chemin des conquêtes, et se servirait de leurs bras pour donner des fers à ses concitoyens! Voyez César, quels étaient ses soldats quand il passa le Rubicon? étaient-ils citoyens de Rome? Non; ses soldats étaient des hommes de tous les pays, qu'il avait su apprivoiser par les vapeurs enivrantes de la victoire; voilà quels furent les vainqueurs de Pompée à Pharsale!...

Si le sénat n'eût conféré le gouvernement des Gaules à César que pour un temps très limité, il n'eût pas eu à déplorer d'avoir donné à cet ambitieux le temps de fasciner ses soldats pour en faire des satellites.

Telle est l'idée générale du plan de cet ouvrage sur les vertus civiques des militaires, ouvrage qui, d'ailleurs, pouvait rentrer dans la question des moyens d'obtenir la *paix universelle*. Quant à la question propre des *vertus militaires*, que l'auteur s'est donné de garde de confondre avec la discipline de répression, il en a fait un livre spécial sous le titre de *Devoirs du Soldat*, maintenant en concours au ministère de la guerre pour l'usage des écoles régimentaires. Si ce concours réussit, l'ouvrage serait imprimé en même temps que le manuscrit que la Société de la Morale chrétienne a honoré d'un prix, de manière que le travail ne présenterait plus de lacune, mais seulement des différences dans la manière de procéder entre les deux auteurs du Traité des Devoirs civiques des Militaires.

Le livre des Devoirs du Soldat, qui, en ce moment (1842), est soumis à l'examen du comité de la guerre chargé des écoles élémentaires, contient, pour chapitres principaux, les matières suivantes :

Sainteté du serment.
Obéissance, soumission, attachement envers ses chefs.
Égards mutuels entre camarades.
Esprit de corps.
Point d'honneur.
Respect pour le sexe.
    — aux vieillards.
    — aux magistrats.
    — aux ministres des autels.
    — à la propriété.
Honneur, probité.
Tempérance.
Patience et résignation.
Propreté dans la tenue.

Si la France pouvait avoir une armée de soldats lisant, comprenant et respectant littéralement ce code de discipline et d'urbanité, ou tout autre rédigé dans un tel esprit, et s'il passait dans les mœurs des soldats étrangers, la question de la paix universelle n'éprouverait plus d'obstacle à sa solution, et partant, les mêmes mains qui aujourd'hui sont prêtes à lancer le tonnerre dresseraient des temples à la Paix !

FIN.

IMPRIMERIE DE P. BAUDOUIN,
Rue des Boucheries Saint-Germain, 38.